从县级林场到世界生物圈保护区的
绿色发展之路：

浙江清凉峰国家级自然保护区可持续发展纪实

李雷　董德民　胡保男 / 主编

中国财经出版传媒集团
经济科学出版社
Economic Science Press
·北京·

图书在版编目（CIP）数据

从县级林场到世界生物圈保护区的绿色发展之路：浙江清凉峰国家级自然保护区可持续发展纪实 / 李雷，董德民，胡保男主编. -- 北京：经济科学出版社，2025. 5. -- ISBN 978 - 7 - 5218 - 7015 - 2

Ⅰ. S759. 992. 55

中国国家版本馆 CIP 数据核字第 2025UY8800 号

责任编辑：汪武静
责任校对：刘　娅
责任印制：邱　天

从县级林场到世界生物圈保护区的绿色发展之路：
浙江清凉峰国家级自然保护区可持续发展纪实
Cong Xianji Linchang Dao Shijie Shengwuquan Baohuqu De Lüse Fazhan Zhilu:
Zhejiang Qingliangfeng Guojiaji Ziran Baohuqu Kechixu Fazhan Jishi
李雷　董德民　胡保男　主编
经济科学出版社出版、发行　新华书店经销
社址：北京市海淀区阜成路甲 28 号　邮编：100142
总编部电话：010 - 88191217　发行部电话：010 - 88191540
网址：www. esp. com. cn
电子邮箱：esp@ esp. com. cn
天猫网店：经济科学出版社旗舰店
网址：http://jjkxcbs. tmall. com
固安华明印业有限公司印装
710 × 1000　16 开　15 印张　220000 字
2025 年 5 月第 1 版　2025 年 5 月第 1 次印刷
ISBN 978 - 7 - 5218 - 7015 - 2　定价：88. 00 元
（图书出现印装问题，本社负责调换。电话：010 - 88191545）

编委会成员

主　编： 李　雷　董德民　胡保男

副主编： 许伟华　程樟峰　翁东明　王成军

编　委：（按姓氏笔画排序）

王成军　王军旺　刘传磊　许伟华　陈　磊

李　雷　严宇轩　张宏伟　郑南忠　费喜敏

胡保男　胡焕锦　赵东武　郭　瑞　翁东明

章叔岩　程樟峰　董德民　雷　倩

前　言

经联合国教科文组织人与生物圈计划（MAB）国际协调理事会第35次会议审议，第五届世界生物圈保护区大会将于2025年9月在中国杭州举办，这将是世界生物圈保护区大会首次在亚太地区举办。这是对中国生态文明建设成就的充分认可，更是全球可持续发展理念与中国人与自然和谐共生的智慧交流契机。作为大会举办地的典型案例，浙江清凉峰国家级自然保护区（简称“清凉峰保护区”）从县级林场到世界生物圈保护区的绿色发展之路的实践，成功生动诠释了中国生态文明建设的基层智慧。本书以中国基层林场的转型发展为切入点，系统梳理了清凉峰保护区从县级林场到跻身世界生物圈保护区网络的发展历程，旨在为全球生物多样性保护提供可借鉴的中国经验。

在党建引领下，清凉峰保护区书写了从县级伐木林场到世界生物圈保护区的绿色传奇。1954年昌化林场建立之初，党组织便以组织引领驱动林场发展。1985年龙塘山省级自然保护区设立时，伐木工转型护林员，实现从资源采伐向生态守护的转型。1998年晋升国家级自然保护区后，浙江清凉峰国家级自然保护区管理局（简称“清凉峰管理局”）党组引领创新一系列生态保护举措，如全国首创

“生态警务室+巡回法庭”模式等，为清凉峰保护区生态资源保护提供法律保障。同时，通过浙皖两省五地联防共护协议打破行政壁垒，实施华南梅花鹿栖息地保护等生态工程，并建成数字化监控体系。2024年跻身世界生物圈保护区网络，标志着以“党建红”引领“生态绿”的发展模式获得了国际认可，为全球生物多样性保护贡献了中国基层样本。

在生态文明建设进程中，清凉峰保护区以人才驱动构筑起生物多样性保护的坚实防线。这里淬炼出了一支“科研尖兵+专家管理者+乡土专家”复合型人才队伍，他们用脚步丈量11252公顷的“生态家底”，以智慧守护着包含华南梅花鹿、安吉小鲵、银缕梅、象鼻兰等珍稀动植物的生命方舟，为全球生物圈保护区人才建设和生物多样性保护提供中国经验。

在做好珍稀动植物保护的同时，清凉峰保护区近年来通过“迎进来”与“走出去”政策积极开展科普教育宣传工作。一是清凉峰保护区邀请公众亲身体验自然之美，接待研学、夏令营等自然教育活动；二是清凉峰管理局走进校园、社区等，每年开展多次科普活动；三是清凉峰保护区构建科普联盟，携手多方推动活动专业化、多样化，创新宣传方式提升国际形象；四是与媒体合作，依托名山公园及生态主题日，开展直播、自然教育，促进周边民宿、农家乐融入自然元素，实现生态经济双赢。这些举措增强了公众环保意识，推动乡村振兴与共同富裕，成为生态经济和谐共生的典范。

保护的落脚点是发展，清凉峰保护区在生态保护的同时，也积极推动周边社区与清凉峰保护区的融合发展。为了更好管理清凉峰保

护区的生态资源，清凉峰管理局通过集体林租赁与人工林赎买实现产权清晰流转，形成生态资源市场化运作机制。周边的村庄社区在利用生态资源进行发展的同时，也时刻以回馈自然为己任，达到了可持续发展的目标。在茶叶种植、药材培育、村庄经营和家庭农场等生态富民产业的发展中，他们合理利用土地和生态资源，让各项产业都能在生态友好的基础上得以发展，处处体现了清凉峰保护区人与自然和谐共生的发展理念。

本书的价值不仅在于记录一个中国县级林场的蜕变，更在于为全球生态治理贡献中国智慧。它展现了中国如何通过基层体制机制创新实现“生态保护—科普宣传—社区融合”的多元平衡，这与世界生物圈保护区“人与自然和谐共生”的目标高度契合。在气候变化与生物多样性丧失的双重危机下，本书的出版恰逢其时——它既是献给即将举办的2025年杭州世界生物圈保护区大会的实践礼赞，也是为全球提供“保护—发展—共享”的中国范式。[①]

① 注：本书有关浙江清凉峰国家级自然保护区的数据、图片等资料均由浙江清凉峰国家自然保护区管理局依法合规提供，在书中不再一一标注。

目录

00
第〇章
绪论 / 1

一、北纬 30°上的基因宝库 / 4
二、70 载奋进的华丽蝶变 / 4
三、别具一格的发展之路 / 9

01
第一章
党建组织引领 / 12

第一节 案例介绍 / 13
第二节 创新举措 / 26
第三节 具体成效 / 32

02
第二章
人才建设强化 / 37

第一节 案例介绍 / 38
第二节 创新举措 / 56
第三节 具体成效 / 58

目录

03 第三章 基础设施改善 / 61

第一节 案例介绍 / 62

第二节 创新举措 / 79

第三节 具体成效 / 84

04 第四章 体制机制创新 / 89

第一节 案例介绍 / 90

第二节 创新举措 / 105

第三节 具体成效 / 107

05 第五章 生态资源保护 / 115

第一节 案例介绍 / 116

第二节 创新举措 / 141

第三节 具体成效 / 145

目录

06 第六章 科普宣教 / 151

第一节 案例介绍 / 152

第二节 创新举措 / 171

第三节 具体成效 / 174

07 第七章 人与自然融合 / 178

第一节 案例介绍 / 179

第二节 创新举措 / 209

第三节 具体成效 / 212

08 第八章 清凉峰保护区人与自然可持续发展的经验与展望 / 215

第一节 清凉峰保护区发展的主要经验 / 216

第二节 清凉峰保护区发展的未来展望 / 222

后记 / 227

第〇章

绪论

全球气候变暖加剧，人类活动领域不断拓展，生物多样性正面临前所未有的严重威胁。在此背景下，划定自然保护地已成为守护生物多样性的关键措施之一。设立自然保护地作为一种生物多样性的就地保护方式，具有直接性和高效性，也是全球各国政府及科研机构广泛认可并采纳的就地保护方式。为有效推进生物多样性保护，中国构建了从国家到地方的多级保护地管理体制。1956 年，国务院批准建立广东鼎湖山等首批自然保护区①，自此开启了自然保护地建设的制度化保护进程。改革开放后，自然保护地政策稳步发展，1982 年我国正式建立风景名胜区制度②，1985 年经国务院批准，林业部公布施行《森林和野生动物类型自然保护区管理办法》③，为自然保护区的建立和管理提供了法律依据。1994 年，国务院发布了《中华人民共和国自然保护区条例》④，这是我国第一部自然保护区专门法规，自此自然保护区的管理方式呈现综合管理与部门管理相结合的新模式。党的十八大以来，自然保护地的发展进入了稳固完善阶段，更加注重以人为本以及人与自然的和谐发展。2013 年，党的十八届三中全会提出“建立国家公园体制”⑤。2015 年，中共中央办公厅、国务院办公厅印发《三江源国家公园体制试点方案》，全面启动三江源国家公

---

① “首个”与“之最”系列报道：我国的第一个自然保护区［EB/OL］. 广东省林业局.（2019 - 06 - 06）. https：//lyj. gd. gov. cn/news/forestry/content/post_2509125. html.

② 住房城乡建设部：30 年风景名胜区事业成就显著［EB/OL］. 中华人民共和国人民政府网.（2012 - 12 - 04）. https：//www. gov. cn/gzdt/2012 - 12/04/content_2282394. htm.

③ 森林和野生动物类型自然保护区管理办法［EB/OL］. 广州市林业和园林局.（2015 - 05 - 26）. http：//lyylj. gz. gov. cn/zcfg/flfggz/content/post_3032912. html.

④ 自然保护区条例［EB/OL］. 中华人民共和国生态环境部.（2017 - 10 - 23）. https：//www. mee. gov. cn/ywgz/fgbz/xzfg/201805/t20180516_440442. shtml.

⑤ 国家发展改革委就建立国家公园体制总体方案答问［EB/OL］. 中华人民共和国人民政府网.（2017 - 09 - 27）. https：//www. gov. cn/zhengce/2017 - 09/27/content_5227895. htm.

园体制试点工作[①]，2019 年，中央层面提出构建“以国家公园为主体、自然保护区为基础、各类自然公园为补充的自然保护地分类系统”的国家战略[②]。2023 年，习近平总书记进一步指出，加快建设以国家公园为主体、以自然保护区为基础、以各类自然公园为补充的自然保护地体系，把有代表性的自然生态系统和珍稀物种栖息地保护起来[③]。“生态兴则文明兴”[④]，良好的生态环境是生态文明建设的重要基础。长期以来，党中央、国务院高度重视生态文明建设，先后出台了一系列重大决策部署，推动生态文明建设取得了重大进展和积极成效[⑤]。

浙江清凉峰国家级自然保护区（简称“清凉峰保护区”）的发展历程是中国自然保护地发展历程的缩影，充分体现了生物多样性保护理念与区域经济协调发展理念的有机融合，是人与自然和谐共生的典范。清凉峰保护区的前身可追溯至 20 世纪 50 年代的昌化林场，在过去 70 年间，清凉峰保护区管理团队与工作人员齐心协力，推动清凉峰保护区从县级林场逐步升级为省级自然保护区，又进一步晋

---

① 国家公园体制试点进展情况之一——三江源国家公园［EB/OL］. 中华人民共和国国家发展和改革委员会.（2021 - 04 - 21）. https：//www. ndrc. gov. cn/fzggw/jgsj/shs/sjdt/202104/t20210421_1276872. html.

② 中共中央办公厅 国务院办公厅印发《关于建立以国家公园为主体的自然保护地体系的指导意见》［EB/OL］.（2019 - 06 - 26）. https：//www. gov. cn/zhengce/2019 - 06/26/content_5403497. htm.

③ 以美丽中国建设全面推进人与自然和谐共生的现代化［J/OL］. 求是，2024（1）. http：//www. qstheory. cn/dukan/qs/2023 - 12/31/c_1130048939. htm.

④ 习近平在《生物多样性公约》第十五次缔约方大会第二阶段高级别会议开幕式上的致辞（全文）［EB/OL］. 国际在线.（2022 - 12 - 16）. https：//news. cri. cn/20221216/ced14973 - 1bb4 - 8d78 - 5fc5 - 72c34c623158. html.

⑤ 中共中央 国务院关于加快推进生态文明建设的意见［EB/OL］. 中华人民共和国审计署.（2015 - 05 - 06）. https：//www. audit. gov. cn/n4/n18/c65045/content. html.

升为国家级自然保护区，并最终成功加入世界生物圈保护区网络。天目山—清凉峰世界生物圈保护区是国内首次以扩区方式申报进入的保护区，也是践行习近平生态文明思想的具体体现，是保护区的一种创新模式、一个世界品牌、一项政治荣誉，也是人与自然和谐共生的首创生态共富典范，这一发展轨迹不仅彰显了清凉峰保护区在生物多样性保护领域的卓越成就，还在人与自然可持续发展方面积累了宝贵经验，形成了生态环境保护与区域经济协调发展新格局。

一、北纬 30°上的基因宝库

清凉峰保护区位于浙江省杭州市临安区，地理坐标为东经 118°52′~119°11′，北纬 30°05′~30°17′，现总面积 11252 公顷。清凉峰保护区由龙塘山、千顷塘和顺溪坞三部分组成，其中，千顷塘区域面积最大，是保护区的核心区域之一，主要承担保护华南野生梅花鹿的任务；龙塘山具有独特的森林生态系统，为多种珍稀动植物提供栖息地；顺溪坞则专注于珍稀濒危植物的保护。清凉峰保护区地势险峻，峰峦叠嶂，森林覆盖率极高，是名副其实的“绿色宝库”。这里四季分明，气候宜人，夏季凉爽湿润，因此得名“清凉峰”。

二、70 载奋进的华丽蝶变

回顾 1954~2024 年，70 载蝶变发展史清凉峰保护区经历了“理念转换期—基础建设期—机制创新期—和谐共生期”四个阶段，实

现了从“昌化林场”到“龙塘山省级自然保护区”，再到“浙江清凉峰国家级自然保护区”，最终向“世界生物圈保护区”的迭代升级。70 载的迭代升级历程具体如图 0－1 所示。

图 0－1　清凉峰保护区的迭代升级历程

（一）理念转换期

1954～1997 年，是从昌化林场到龙塘山省级自然保护区的理念转换期。1954 年，昌化林场建场，1961 年调整为临安县①昌化林场；1985 年经浙江省人民政府批准，将国营临安县昌化林场所属的龙塘山林区划出，在昌化林场的基础上建立龙塘山省级自然保护区，与国营临安县昌化林场实行“一套班子两块牌子”的管理体制；1997 年完成了综合科考，经临安市人民政府论证和浙江省林业厅同意，向国

① 关于临安市历史称谓的说明：鉴于临安市行政区划历经两次重大调整——1996 年 12 月经国务院批准撤销临安县设立县级临安市，2017 年 9 月经国务院批复撤销县级临安市建制设立杭州市临安区——本书在历史叙述中严格遵循行政区划变更的时间节点规范表述：1996 年 12 月前称“临安县”，1996 年 12 月至 2017 年 8 月称“临安市”，2017 年 9 月后称“杭州市临安区”。所有行政区划名称的使用均以官方批复文件生效时间为准，完整反映建制沿革过程。

家林业局报告要求更名为浙江清凉峰自然保护区，并将龙塘山省级自然保护区外围的部分集体林以及千顷塘野生梅花鹿保护区域和顺溪坞珍稀植物保护区域划入龙塘山省级自然保护区内，实现从利用自然资源到保护自然资源的转变，这为申报国家级自然保护区奠定了坚实的基础。

（二）基础建设期

1998～2010年，是从获批国家级自然保护区到设施不断完善的基础建设期。1998年8月，经国务院批准，浙江龙塘山省级自然保护区晋升为浙江清凉峰国家级自然保护区（简称“清凉峰保护区”）；1999年，浙江清凉峰国家级自然保护区管理局（简称“清凉峰管理局”）正式挂牌，为建设好、管理好、保护好自然保护区，在综合调查、分析自然环境及自然资源的基础上，清凉峰管理局确定了自然保护区的性质、建设方针及目标，编制了2000～2030年一期总体规划；2003年，《浙江清凉峰国家级自然保护区生态旅游专项规划》获国家林业局批复，此后开通了侯龙公路，建成了清凉峰科技馆，开发了龙塘山、天池、十门峡等生态旅游景区。在这一阶段，清凉峰保护区多次获得国家级、省级先进荣誉，2002年获得“全国自然保护区先进集体”称号；2007年清凉峰保护区被浙江省森林防火指挥部评为“连续20年无森林火灾先进单位”。这12年间，临安市委、市政府高度重视清凉峰保护区建设。得益于上级部门的全力支持和清凉峰保护区干部职工的共同努力，清凉峰保护区成功晋升“国家队”，并在科研保护方面频获佳绩。

（三）机制创新期

2011～2019年，是从集体林租赁到首个生态警务室的机制创新期。2011年，在清凉峰保护区基础设施进一步完善的基础上，清凉峰管理局还积极开展了集体林租赁的浙江省全省试点工作，并实施了人工林政府赎买政策，通过两种机制的创新，实现了对清凉峰保护区内森林资源的充分管护，从而加强了对重要生态区域的守护。在生态保护与科研监测方面也有极大的突破，清凉峰保护区高度重视生物多样性保护，通过实施一系列保护措施，有效保护了华南梅花鹿等珍稀濒危物种。在不断创新机制的同时，清凉峰保护区还积极开展生物多样性本地调查和动植物监测，掌握了区域内物种的丰富程度和分布情况。2013年，清凉峰管理局开始在千顷塘片区布设红外相机，并逐步扩展至龙塘山、顺溪坞片区，实现了清凉峰保护区全域野生动物公里网格密度监测体系；2018年，清凉峰保护区建成了浙江省首个生态警务室，加强了与各地区、部门之间的联动和协作，有效打击了破坏森林资源的违法行为，保护了生态环境的安全；2019年，清凉峰保护区成功开展了华南梅花鹿的首次区外野外放归，这是清凉峰保护区在珍稀濒危物种保护方面的重要里程碑。通过放归试验，不仅增加了华南梅花鹿的野外种群数量，还为其提供了更广阔的生存空间。这一时期，不仅缓解了社区发展与生态保护之间的矛盾，清凉峰管理局还荣膺多项省部级、国家级奖项。2011～2018年省级以上自然保护区综合考评均获得“优秀”等级；2012年和2016年分别荣获“全国自然保护区先进集体”和“全国绿化先进集体”荣誉称号；2018年更是在国家七部委关

于长江经济带国家级自然保护区管理评估考核中获得“优秀”等级。

（四）和谐共生期

2019 年至今，是从华南梅花鹿的放生到世界生物圈建设的和谐共生期。这一时期，清凉峰管理局在前期调查研究的基础上，先后开展了华南梅花鹿、象鼻兰、安吉小鲵等珍稀濒危物种的保护、繁育、野外回归及监测工作，成效显著。2019 年，清凉峰保护区成功完成全国首次华南梅花鹿野外放生。自此，作为全省旗舰物种、明星物种的华南梅花鹿，野外种群数量稳中有升，以清凉峰保护区为核心种源地、外围多点分布的良好态势逐步呈现，因此，清凉峰保护区获批全省首个兽类抢救保护基地，梅花鹿案例获浙江省生态环境厅生物多样性保护优秀案例。为有效推进林长制建设，清凉峰管理局推行了“局长管全区、副局长管片区、片区负责人管辖区、护林员包山头”的四级网格化管理模式，完善了一批如《护林员管理办法》《护林员考核办法》等规章制度，创新开展了如电子围栏、无人机巡护、建设应急直升机停机坪等，并与浙江省航空护林站开展实战演练等管理举措，取得了良好的管理成效。2021 年，清凉峰保护区成功获批为浙江省第二批“名山公园”，提出了“一园助六镇，区镇共发展”的理念；2022 年，清凉峰保护区在中国人与生物圈国家委员会的指导下启动了申报世界生物圈保护区项目；2024 年，天目山—清凉峰世界生物圈保护区在第 36 届联合国教科文组织人与生物圈计划（MAB）国际协调理事会上被批准通过，这是我国自然保护区首次以扩区的方式加入世界生物圈保护区网络，清凉峰保护区也自此打开了国际合作的新窗口。自 2019 年开始，清凉峰保护区坚持“强保护、

重科研、拓宣教、促和谐、优服务、带队伍”总体发展思路，积极践行“可持续发展”“人与自然和谐共生”“绿水青山就是金山银山”等发展理念，砥砺前行。2019 年以来，清凉峰保护区的工作得到了多方认可，2020 年，清凉峰保护区获得 2020 年省级以上自然保护区规范化建设评估的“优秀”等级；2021 年荣获浙江省科技进步二等奖；2022 年被授予“浙江省华南梅花鹿抢救保护基地”；2023 年被授予“全国自然教育基地”“浙江省自然保护地保护管理工作突出贡献集体”；2024 年荣获“杭州市现代化生态治理工作突出集体”。同时，申报获批成立“国家级生态质量综合监测站”，创新开展了电子围栏、无人机巡护等监测举措。此阶段，清凉峰保护区打开了国际合作的新窗口，人与自然和谐共生的格局基本形成。

三、别具一格的发展之路

（一）共享“清凉峰”之盛名

浙江清凉峰国家级自然保护区①与安徽清凉峰国家级自然保护区（简称“安徽清凉峰保护区”）虽共享“清凉峰”之盛名，却各具特色，行政区域上分属浙江省与安徽省。在规模方面，安徽清凉峰保护区总面积为 7811.2 公顷②，而浙江清凉峰保护区总面积为 11252 公顷③，

① 为区分与安徽清凉峰国家级自然保护区差异，浙江清凉峰国家级自然保护区在本段简称为“浙江清凉峰保护区”，在其他段落若无特殊说明，均简称为“清凉峰保护区”。

② 保护生物多样性丨宣城清凉峰——“三阵式”构建人与自然和谐共生［EB/OL］. 安徽省生态环境厅.（2022－07－15）. https：//sthjt. ah. gov. cn/public/21691/121090171. html.

③ 浙江清凉峰国家级自然保护区简介［EB/OL］. 国家林业和草原局自然保护区研究中心. https：//www. fnrrc. com/ziranbaohuqujianjie/9689. html.

规模上大于安徽清凉峰保护区；在生物多样性方面，安徽清凉峰保护区拥有典型的中亚热带常绿阔叶林及标志性物种，浙江清凉峰保护区生物谱系组成复杂，带谱完整，生物多样性更为丰富；在历史进程与国际影响力方面，安徽清凉峰保护区设立于1979年，2011年晋升为国家级保护区①。浙江清凉峰保护区则于1985年成为龙塘山省级自然保护区，1998年晋升为国家级自然保护区②，并在2024年成功加入世界生物圈保护区网络，也成为了中国首个以扩区形式加入世界生物圈保护区网络的国家级自然保护区。一言以蔽之，两个保护区虽在规模、生物多样性以及发展历程和国际影响力方面有所区别，但它们共同构成了一个完整的生态系统，对维护区域生态平衡和生物多样性具有重要意义，为长江三角洲地区的绿色生态安全提供了坚实保障。

（二）特色发展路径

迈入国家级自然保护区后，清凉峰保护区在党建引领下实现了生态保护与可持续发展的完美转变。历届清凉峰管理局党组面对多方挑战，逐一破解难题，逐步形成了人与自然和谐共生的格局。清凉峰保护区作为生物多样性保护的重要阵地，人才建设尤为重要。保护区正经历着基础设施升级，进一步提高了办公效率。此外，旅游科教设施焕新也为游客提供舒适体验。清凉峰管理局在体制机制建设方

① 安徽清凉峰国家级自然保护区简介［EB/OL］. 国家林业和草原局自然保护区研究中心. https://www.fnrrc.com/ziranbaohuqujianjie/9695.html.

② 浙江清凉峰国家级自然保护区简介［EB/OL］. 国家林业和草原局自然保护区研究中心. https://www.fnrrc.com/ziranbaohuqujianjie/9689.html.

面频频发力，取得了显著成效，实现了生态保护与经济发展的平衡、促进了跨区域的协同合作，提升了智慧管理的现代化水平。生态资源保护方面，清凉峰保护区是我国长江三角洲地区保存完好的物种基因库，在我国及世界生物多样性保护中具有重要的地位和作用。此外，近年来清凉峰保护区还深耕科普宣传，采取“迎进来”与“走出去”相结合的策略。概括来讲，清凉峰保护区以党建为引领，走出了人才建设、基础设施建设、体制机制探索、科普教育宣传、生态资源保护的特色发展之路。

（三）人与自然可持续发展之典范

清凉峰保护区在发展的过程中始终坚持人与自然可持续发展理念，走出了特色发展之路，成为了中国人与自然可持续发展的典型案例。清凉峰保护区是一片充满生机与和谐的土地，处处体现着人与自然的和谐共生。辖区内及外围的村庄社区在践行生态保护理论的同时，也充分利用丰富的生态资源发展生态富民产业，实现了可持续发展的目标。清凉峰保护区周边居民在生态保护的同时，合理利用土地和生态资源，推动有机茶叶种植、生态药材培育、乡村民宿、家庭农场和村庄经营等乡村共富产业在生态友好的基础上良好发展。与此同时，这里每个产业的发展都有明确的未来规划，充分考虑到长远发展与生态平衡的关系。许多潜力巨大的生态富民产业也在清凉峰蓄势待发，以期为当地带来更多的经济发展机会，同时为生物多样性保护贡献力量。

第一章

党建组织引领

在多届清凉峰管理局党组成员和干部职工的共同努力下，清凉峰保护区实现了生态保护与可持续发展的完美蜕变。1954 年昌化林场初建，绿色生态思想在此生根萌芽，为后续一系列绿色变革筑牢了思想根基。1985 年，龙塘山被确立为省级自然保护区，昔日的伐木工成为了护林员，开启了生态保护新篇章。1998 年，在浙江省和临安市多位领导的推动下，保护区成功晋升为国家级自然保护区。此后，历届清凉峰管理局党组面对挑战，逐一破解难题，通过完善基础设施、加强科研保护、发展生态旅游等方式，让“国家级自然保护区”这一金字招牌历久弥新，并于 2024 年成功加入世界生物圈保护区网络。党建如同灵魂，通过思想引领、组织凝聚、共建联动和服务群众，为保护区的发展注入了持久而坚实的动力。

第一节　案例介绍

清凉峰保护区的崛起与蜕变，是党建引领生态文明建设的生动写照。清凉峰保护区的每一次跨越都离不开国家和地方的管理部门的关心支持，以及历届清凉峰管理局党组的精心谋划与统筹推进。党建引领如同灯塔，照亮了清凉峰保护区建设与发展的每一段征程，让绿色生态发展理念在这块土地上深耕厚植、开花结果，从理念逐步转化为生态保护的重要实践。正是因为清凉峰管理局党组成员们高举党的精神旗帜，凝心聚力，才使得清凉峰保护区在生态文明建设的征途上稳健前行，成为生态保护领域的一颗璀璨明珠。

一、党建铸魂，绿启龙塘：省级自然保护区的绿变之旅

1954 年，伴随着全国上下大搞建设的步伐，国营昌化林场应运而生，承载着建设山区、发展林业事业的重要使命。在建场初期，昌化林场面临着办场基地选择艰难，山权山界混乱，造林成效甚微等诸多挑战。但是，在上级部门领导和林场党组织的积极引领下，林场员工凭借坚定的信念和顽强的意志，积极探索新的发展路径。从动员群众增山扩场整合有限资源，到历经多次机构分合整顿不断优化内部管理结构，再到借助林业“三查”工作厘清山权山界，每一项举措都在党组织的引领下稳步推进，其中无不凝聚着林场职工的汗水与智慧。在此过程中，绿色可持续发展的思想开始在林场职工心中自然萌发。林业建设并非短期的任务，而是关乎生态平衡和区域可持续发展的长期事业，这也为后续林场开启一系列绿色变革筑牢了思想根基。

在林木采伐工作中，党组织引导林场摒弃传统过度采伐的短视行为，树立科学合理采伐的理念。通过组织党员干部学习先进的林业资源管理知识，借鉴其他地区可持续采伐的成功经验，制订符合昌化林场实际情况的采伐计划。采用选择性采伐的方式，优先采伐病树、老树，保留具有生长潜力的树木，既获取了必要的木材资源，又保障了森林生态系统的完整性，让森林资源得以持续发展。在造林环节，

林场依据当地条件，在林场党组织的指导下进行科学规划，摒弃以往盲目种植的方式，严格遵循“岗上松，凹里杉，低洼湿地栽柳杉”等适地适树原则，实现精准造林。在抚育管理方面，党组织积极推广林粮间作的独特抚育方式，不仅促进了林木生长，还合理利用了土地资源。此外，党组织安排专人负责林地防护，防止牲畜破坏林地，针对立地条件较差的区域，及时补植合适树种，优化森林生态结构。在党建引领下，林场的造林质量不断提高，抚育管理方式不断优化，营林生产效益显著，造林成活率达到95%以上，做到造一片，活一片、成林一片，成材一片。在林业综合经营方面，党组织引导林场探索多元化经营模式，在保护生态环境的前提下，实现林业资源的综合利用与增值。1972年起，林场积极响应“以林为主、多种经营、综合利用、以短养长”的经营方针，在党组织的支持下，先后开展了一系列多种经营活动，如开办碳酸钾车间、松香车间等。这些尝试不仅为林场带来了一定的经济收益，更重要的是，拓宽了林场员工的发展思路，使大家深刻认识到绿色可持续发展并非只是单纯的生态保护，还包括生态保护与经济发展的协同共进，为未来的可持续发展积累了宝贵经验。

在党建的有力引领下，昌化林场在林业采伐、造林、抚育、创效等各个环节，都坚定不移地践行绿色可持续发展理念，林业建设取得了良好成效。根据1983年昌化林场的第二次森林资源调查结果显示，全场经营面积为30680亩，森林蓄积量为87395立方米，森林覆盖率达到了94%。1984年11月17日时任临安县县委书记汪吉民同志赴

昌化林场的龙塘山视察，他登上清凉峰后发现龙塘山具有丰富的自然资源，是典型的亚热带植被垂直分布带，很有保护价值。于是，临安县政府办公室随即向浙江省人民政府提交报告，申请建立龙塘山自然保护区。1985 年 8 月 7 日，浙江省人民政府办公厅印发《关于同意建立龙王山、百山祖、龙塘山自然保护区的通知》，就此龙塘山省级自然保护区正式成立。而随着龙塘山自然保护区的不断发展，党建引领下的绿色生态思想在这块土地上茁壮成长，开花结果，为 1998 年晋升为国家级自然保护区和后来加入世界生物圈保护区打下了坚实基础。

二、党建赋能，蝶变清凉：国家级自然保护区的崛起与跨越历程

（一）勠力同心，竖起国家级自然保护区金字招牌

龙塘山省级自然保护区晋升为国家级自然保护区的过程，是党建引领生态保护的生动实践。在这一过程中，管理局通过科学规划、政策支持与多方协作，成功推动了龙塘山省级自然保护区的升级，为区域生态保护事业树立了典范。

1985 年 8 月，经浙江省人民政府批准，龙塘山正式设立为省级自然保护区，其在生态保护领域的价值逐渐凸显。但是，保护区人员数量不足、基础设施薄弱和管理机制不够完善等问题极大地阻碍了其后续发展进程。为了更妥善地保护龙塘山的珍稀动植物资源，提升

保护管理水平，晋升为国家级自然保护区成为必然之举。国家级自然保护区的身份不仅能够吸引更多的资金、技术和政策支持，还能在更高层面上对这片珍贵的生态区域实施保护，充分发挥其在维护区域生态平衡、生物多样性保护等方面的重要作用。

在这一关键时刻，党建引领发挥了重要作用。时任临安县林业局局长朱霞生同志按时任临安县县长张建华同志的要求，开始评估龙塘山省级自然保护区升级为国家级自然保护区的可行性。1993 年 9 月 17 日，由临安县林业局和保护区牵头，联合多个部门的 20 多位专家教授和科学工作者，共同组成考察队，根据原有资料对龙塘山自然保护区的地质地貌、气候气象、人文景观和野生动植物资源作了为期 10 天的综合性科学考察。经过前期充足准备和实地调查，朱霞生同志随后向浙江省林业厅详细汇报了龙塘山自然保护区升级的必要性和科学依据，为保护区打开了新的发展局面。这种主动探索与沟通的做法，不仅展现了党员干部对区域生态保护战略定位的深刻理解，更体现了党员干部的担当与作为。

1996 年 5 月，时任临安县县长的张建华同志带领多部门负责人考察龙塘山省级自然保护区，充分肯定其生物资源多样性及旅游疗养价值，随后决定开通龙塘山公路，以解决龙塘山自然保护区的交通瓶颈问题。并且，张建华同志和朱霞生同志多次“跑部进厅”向上级汇报争取，成功引起国家林业局和环保总局的关注。1996 年 6 月，国家林业局和环保总局相关领导对龙塘山省级自然保护区进行了实地考察。在推动龙塘山省级自然保护区升级的过程中，临安林业局和龙塘山自然保护区管理局组织了精干力量来开展申报工作，按申报要求准备了科考报告、总体规划、图件及音像资料等。在此期间，龙塘山自然保护区管理局积极调动各方资源，邀请专家教授开展了多次实地考察，为保护区全面评估提供翔实数据与证据，不仅提升了清凉峰保护区的生态地位，还为后续政策支持与资金投入奠定了坚实基础。1997 年 7 月，经临安市人民政府论证同意，将龙塘山外围的部分集体山林以及千顷塘野生梅花鹿区域和顺溪坞珍稀植物区域划定组建浙江清凉峰保护区，进一步扩大了保护区的生态功能。图 1 – 1 为张建华同志率相关部门成员赴龙塘山考察的合影留念照片。

图 1 – 1　1996 年 5 月时任临安县县长张建华同志率相关部门成员赴龙塘山考察

1998 年 8 月，龙塘山省级保护区经国务院批准晋升为国家级自然保护区，这标志着保护区在国家层面的重要性得到了认可。1999 年 11 月，清凉峰管理局在临安市昌化镇正式挂牌成立（见图 1 – 2），这标志着龙塘山省级保护区的升级工作圆满完成，也标志着保护区迈向了一个新的发展阶段。

图 1－2　1999 年 11 月浙江清凉峰国家级自然保护区管理局正式挂牌

（二）自我革新，擦亮国家级自然保护区的金字招牌

在升级为国家级自然保护区后，如何高效推进保护区工作，确保其达到国家级建设标准，成为清凉峰管理局党组亟须解决的核心问题。在这一需要全面崛起和提质的关键时期，党建引领成为驱动清凉峰保护区全局的红色引擎。

在人员安置方面，清凉峰管理局积极发挥领导作用，多年间持续向上级部门和临安市委、市政府争取资金支持。2000 年 3 月 21 日，市政府召开的协调会议将林场划归清凉峰管理局。清凉峰管理局迅速行动，筹资 115 万元为退休及符合退休条件的职工办理了一次性养老保险，确保了职工队伍的稳定。同年 6 月，分户经营方案得以确定，62 名职工顺利签订合同，完成了改制工作①。此后，清凉峰管理

① 资料来源：《临安年鉴 2001》。

局继续发力，于 2002 年为下属昌化林场退休人员解决了大病医疗保险问题，切实减轻了林场退休工人们的生活负担问题。并且在清凉峰管理局党组的推动下，清凉峰管理局还成功实施了人才招引、中层干部竞聘上岗制度，一批年轻有为的同志走上了领导岗位，为清凉峰保护区注入了新的活力①。

针对清凉峰保护区交通不便、基础设施建设滞后的问题，清凉峰管理局高度重视，将交通建设作为突破口。2001 年 10 月，侯头到龙塘山的公路改扩建工程全线开工，这条侯龙公路成为当时车辆进出保护区的唯一通道。2002 年，清凉峰管理局又相继完成了侯龙公路配套工程、龙塘山游步道、林道柏油路等一系列基础设施建设，同时修缮了接待设施，新建了保护站，配备了消防设施器材等必要设备，修建了防火线和生物防火林带，勘界立标，埋设了保护区界桩，为保护区的长远发展奠定了坚实基础②。

在环境保护和科普宣教方面，清凉峰管理局同样持续发力，不断革新。2004 年，清凉峰管理局通过多渠道、多形式广泛宣传清凉峰保护区法律法规，制定并完善了规章制度和联防公约。全年共竖立永久性宣传牌 200 余块，发放宣传资料和宣传小册子 2000 余份（册），张贴标语、通告 800 余条，有效提升了公众的保护意识③。同时，清凉峰管理局还积极促成与浙江林学院等高校合作，联合举办学术研讨会，共同探讨保护区法律建设和保护与开发的辩证关系。此后，清凉峰管理局党组又积极开展了一系列科普宣教活动，如中小学暑期

①② 资料来源：《临安年鉴 2003》。
③ 资料来源：《临安年鉴 2004》。

夏令营、综治宣传月、科技下乡等，派出了大量科技人员，发放了丰富的宣传资料，查处了多起违法案件，有效保护了清凉峰保护区的生态环境和生物多样性。

针对如何在经济上自给自足形成良性循环的挑战，清凉峰管理局坚持“立足保护、科研兴区、发展生态旅游”的工作思路。2004年，龙塘山景区完成了停车场、游步道、门楼等配套设施建设，并对侯龙公路上山路段进行了整修和加固，增设了安全警示牌和安全护栏。景区内配置了保安和导游，配备了通信工具，并与景区旅游公司签订了《平安景区目标管理责任书》。2007 年 9 月 20 日，清凉峰管理局与浙江正雄实业有限公司签署《生态旅游开发建设经营特许合同》，总投资约 1.5 亿元。在清凉峰管理局党组的协调下，投资方顺利完成了公司成立、土地摘牌等工作，以及基础设施和旅游宾馆设施的建设①。

（三）精准发力，擦亮国家级自然保护区的金字招牌

清凉峰保护区经过此前历任清凉峰管理局党组成员的辛勤耕耘，已奠定了坚实的基础。然而，如何进一步将清凉峰保护区打造成全国领先的保护区典范，成了清凉峰管理局党组成员们需要深思熟虑的问题。

在清凉峰管理局党组的正确引领下，清凉峰保护区强化了对珍稀濒危物种华南野生梅花鹿的宣传力度，2011 年 3 月，清凉峰管理

① 资料来源：《临安年鉴 2008》。

局携手《环保前线》节目组，成功摄制完成专题纪录片《探访华南梅花鹿》，生动展现了濒临灭绝的野生华南梅花鹿的生存实景、生活习性，以及清凉峰保护区在拯救这一珍稀物种过程中所开展的基础工作及面临的挑战。2014 年 6 月，清凉峰管理局投资的科普教育影片《鹿鸣清凉峰》顺利问世，并在临安电视台等媒体平台播出。该宣传片的广泛传播，极大地提升了清凉峰保护区及其华南野生梅花鹿的社会知名度，吸引了众多游客与志愿者纷至沓来，为保护区的持续发展注入了崭新活力。

党建引领促进了保护区设施的升级与护林员工作效率的提升。2009 年 3 月，清凉峰管理局启动了总投资 235 万元的千顷塘区域视频监控系统项目。该项目在大源塘、道场坪、干坑等 8 个监测点布下视频探头，采用短距离红外夜视、红外入侵报警及防雷、防潮等多种技术手段，对千顷塘区域森林和梅花鹿进行了实时监测，为清凉峰野生华南梅花鹿种群生存力及扩繁技术研究提供了宝贵数据资料①。2010 年 12 月，清凉峰保护区二期建设工程顺利通过验收，包括新建检查站点、疫源疫病监测点，改善梅花鹿栖息地，开辟防火隔离带，以及购建视频监控系统等多项内容，极大地提升了清凉峰保护区的生态治理水平。2014 年 10 月，顺溪坞保护站项目建成，该项目填补了顺溪坞区域保护站点空白，对进入顺溪坞区域人员进行限流控制，有效监控和保护了顺溪坞生态及生物多样性②。

在党建联建的推动下，清凉峰保护区积极与外部单位、高校开展

① 资料来源：《临安年鉴 2010》。
② 资料来源：《临安年鉴 2015》。

合作，共享保护区的前沿成果。2012 年 9 月，清凉峰管理局与浙江大学携手完成了《浙江省生态环境十年变化（2000－2010）遥感调查与评估》项目。2014 年，清凉峰管理局与浙江农林大学等科研单位合作撰写的《清凉峰木本植物志》和《浙江清凉峰昆虫》顺利出版。2016 年 11 月，清凉峰管理局与中国科学院动物研究所联合编写的《浙江清凉峰华南梅花鹿种群发展规划》项目通过专家评审。这些合作不仅提升了清凉峰保护区的科研实力，也为其在全国范围内树立了良好的形象。

三、党建领航，峰动世界：世界生物圈保护区申报的逐梦纪实

在历届清凉峰管理局党组织的坚强领导与全体职工的不懈努力下，清凉峰保护区已稳固构建起全面发展的坚实基础。站在新的历史起点上，如何将清凉峰保护区打造成为全国乃至世界领先水平的保护区典范并提高其国际影响力，成为了新一代清凉峰管理局党组肩上沉甸甸的责任与使命。以党组书记董德民同志为核心的清凉峰管理局党组，紧握国家生态保护战略的契机，坚持“强保护、重科研、拓宣教、促和谐、优服务、带队伍”的总体思路，承袭清凉峰保护区前辈的精神遗产和优良传统，以更为振奋的精神风貌与更为扎实的行动举措，全力推进清凉峰保护区申报世界生物圈保护区工作。

在申请加入世界生物圈保护区的筹备阶段，清凉峰保护区党组充分发挥党建引领作用，通过精心谋划和周密组织，确保了前期各项

准备工作的有序展开。2022 年 8 月 29 日至 31 日，为确保申报工作的科学性与专业性，清凉峰管理局党组主动作为，诚邀中国人与生物圈国家委员会专家组莅临清凉峰保护区，对申报世界生物圈保护区的可行性进行了深入细致调研与评估，为后续申报工作的精准定位与高效推进提供了明确的方向指引。通过实地考察、座谈交流等方式，专家组对保护区的生态系统、管理架构、资源管护等方面进行了全面评估，并提出了具体的改进建议。根据专家组的反馈意见，清凉峰管理局党组充分发挥党建优势，组织专业力量对相关问题进行整改，逐步优化各项工作。并促成了清凉峰管理局与中国人与生物圈国家委员会秘书处及天目山保护区管理局的后续联动合作。

在正式申报世界生物圈保护区的关键时期，清凉峰管理局党组秉持党建引领原则，广泛凝聚共识，汇聚多方力量，脚踏实地，精心规划与执行了一系列行之有效的举措，成功助推“天目山—清凉峰生物圈保护区”荣列世界生物圈保护区网络。清凉峰管理局党组首先组建由区领导挂帅、多部门参与的申报工作领导小组，明确职责分工，形成上下联动、责任清晰的工作格局，为申报工作提供坚实组织保障。同时，清凉峰管理局党组依据历史数据科学预估申报费用，并通过多元化渠道筹集资金，确保资金需求得到充分满足，为申报工作的顺利进行奠定了物质基础。为确保申报工作得到广泛支持，清凉峰管理局党组组织专业团队深入基层进行实地调研，广泛征询临安区辖内清凉峰和天目山两个国家级自然保护区管理局及相关镇、村的意见和建议，达成了共识，申报工作赢得了社会各界的广泛支持与认可。

天目山和清凉峰两个保护区管理局联合提出扩区申报方案，正式拉开了申报世界生物圈保护区的序幕。随后，清凉峰管理局党组对申报材料的准备工作给予了高度重视，组织专业团队深入研读相关法规政策，精心编撰《生物圈保护区提名表》和《生物圈保护区管理计划》，搜集整理了详尽的资料。严格把控时间节奏，提前对申报材料进行多次审核与修订，确保其准确无误、内容完整，并及时提交至国内外相关机构，为申报工作赢得了宝贵的时间优势。面对国际审查的严苛标准，清凉峰管理局党组始终保持高度重视，及时响应并妥善处理每一条反馈意见，对申报材料进行反复打磨与完善。最终，申报材料赢得了国际咨询委员会的高度赞誉，为成功申报奠定了坚实基石。2024 年 7 月 5 日，在摩洛哥召开的第 36 届联合国教科文组织人与生物圈计划（MAB）国际协调理事会上，34 个联合国教科文组织成员国代表全票通过“天目山—清凉峰生物圈保护区”加入世界生物圈保护区网络。授牌仪式如图 1－3 所示。

图 1－3　2024 年 9 月 21 日，天目山—清凉峰世界生物圈保护区举行授牌仪式

清凉峰保护区正式加入世界生物圈保护区网络，标志其在党建引领下迈出国际合作关键步伐。此壮举不仅大幅提升清凉峰保护区的国际声誉，更为清凉峰保护区生态保护与发展注入强劲动能。未来，清凉峰保护区将以国际平台为依托，深化生物多样性保护工作，全面提升生态系统服务功能。以党建为引领，凝聚发展合力，助力全球生物多样性保护事业，推动区域可持续发展迈上新台阶，为生态文明建设贡献更多力量。

从以上的发展历程可以看出，党建引领贯穿清凉峰保护区绿色发展的全过程，从绿色转型的初步探索到破茧成蝶的关键跨越，再到走向世界的崭新篇章，每一步跨越都凝聚着清凉峰管理局党组成员们的智慧与力量。这是一段关于绿色、发展、和谐与进步的生态文明历程，党建引领以其独特的政治优势和组织优势，为清凉峰保护区的绿色发展注入了强大动力，铸就了生态文明建设的璀璨华章。未来，清凉峰保护区将继续坚持党的全面领导，深化党建引领与生态保护的融合发展，以更加坚定的步伐迈向生态文明建设的新征程，为全球生态保护贡献中国智慧与中国方案。

第二节　创新举措

在时代的不断发展中，清凉峰保护区以其坚实的步伐，展现着人与自然和谐共生的美好画面。这一切的成就，离不开党建力量的持续推动。党建力量如同坚实的后盾，稳稳地支撑着保护区在生态保护、

科学研究和区域发展上不断前进，书写着一段段值得铭记的故事。

一、思想筑基，点亮信念之光

清凉峰管理局党建紧扣自身生态定位，将思想建设深度融入生态保护核心工作。始终以党的先进理论为指引，筑牢党员干部的信仰之基。依托本地丰富的自然生态资源，党支部定期开展沉浸式主题党日活动。党员们身临其境，在山林中，结合眼前郁郁葱葱的植被、清澈见底的溪流，深入学习习近平生态文明思想，让“绿水青山就是金山银山”的理念如种子般，在每一位党员心中生根发芽。邀请清凉峰管理局的老前辈、熟悉本地生态变迁的老党员和林业专家开展专题党课，以亲身经历生动解读党的生态政策。不仅让党员干部明晰自身肩负的生态使命，更激发他们守护这片土地的责任感与使命感。实际工作中，党员们以山林为课堂，以树木溪流为教材，他们穿梭于清凉峰的茂密林间，用脚步丈量对生态保护的坚定信念。在党员的示范带动下，清凉峰保护区的全体职工形成浓厚的生态保护意识，凝聚成推动清凉峰保护区发展的强大精神力量。图 1－4 为清凉峰管理局召开的工作部署会照片。

二、组织聚力，构筑坚强堡垒

清凉峰管理局党组在生态监测、科研攻关、社区联络等关键业务部门与项目团队中，建立党小组。以科研项目为例，针对清凉峰保护

图 1-4　2023 年 3 月清凉峰管理局召开“党建领航·实干奋进”工作部署会

区特有的象鼻兰、安吉小鲵等珍稀物种的研究小组，设立党小组，发挥党员在科研攻坚中的带头作用。清凉峰管理局党组聚焦清凉峰实际工作问题，定期组织党员开展交流学习活动。例如，在应对山林病虫害、森林防火等紧急事务中，分享各自的应对经验与创新方法。定期开展民主生活会，通过批评与自我批评，查找在生态保护细节上的不足，不断提升党组织的凝聚力和战斗力。充分尊重群众意见，在一些重大决策中，充分考虑生态保护与周边社区发展的关系，广泛征求意见，确保决策科学民主。同时，清凉峰管理局党组积极挖掘在清凉峰生态保护一线表现突出的年轻职工，将其培养发展为党员。同时注重选拔优秀年轻职工作为入党积极分子，安排经验丰富的老党员结合清凉峰工作实际，进行一对一培养，让党的优良传统在这片土地上不断传承。图 1-5 为老党员带领党员志愿服务队一起工作的照片。

图 1-5　2020 年 10 月樊为民同志带领党员志愿服务队
清剿有害植物“加拿大一枝黄花”

三、共建联动，汇聚发展合力

清凉峰管理局党建立足区域特色，积极拓展共建联建。与临安区政府部门紧密合作，在晋升国家级自然保护区和申报世界生物圈保护区的关键节点，各部门密切配合，协同作战。其中，林业、环保、财政等部门从政策、资金、技术等多方面给予全方位保障。与周边社区开展具有本地特色的党建共建活动，组织社区党员和群众参与清凉峰生态保护宣传教育，以本地的生态故事、珍稀物种的生存现状为切入点，提高社区居民的环保意识。吸纳社区居民参与保护区的日常巡护、环境清洁等工作，为他们提供就业机会。同时，与社区合作开发特色生态旅游线路，带动社区经济发展；与高校或科研院所开展产学研合作。针对清凉峰生态系统的独特性，联合开展生物多样性调查、生态修复技术研究等科研项目。共建科研平台，如在清凉峰保护区设立长期生态监测站，共同攻克生态保护中的技术难题，提升清凉峰保护区的科研水平与创新能力。正是得益于各方的有效配合，清凉峰保护区的各项工作得以顺利开展并取得了显著的保护成效。

图 1－6 为浙江自然博物院与清凉峰管理局签订合作意向书的照片。

图 1－6　2021 年 3 月浙江自然博物院与清凉峰管理局签订合作意向书

四、服务为民，共享生态福祉

依托本地生态优势，清凉峰管理局党组通过多种渠道为当地群众谋福利。结合清凉峰保护区的自然景观、历史文化，清凉峰保护区积极引导社区居民打造特色农家乐和民宿，开发具有地域特色的农产品。如利用清凉峰优质的水源与土壤，推广高山蔬菜、有机茶

叶等农产品种植，并协助打造品牌，拓宽销售渠道。在生态保护项目实施中，优先吸纳周边群众参与。在清凉峰保护区的森林抚育、护林防火等工作中，大量聘用当地居民，根据他们对本地环境的熟悉程度，合理分配工作岗位。同时，开展技能培训，提升他们的工作能力，让他们在参与生态保护的同时获得稳定经济收益。对于山区的困难家庭，清凉峰管理局党组开展“一对一”精准帮扶行动，切实把以“春风行动”为代表的结对帮扶和入户走访活动作为改进工作作风、密切联系群众、服务群众的重中之重。通过定期慰问、助医、助学、助老等方式察民情、听民声、解民困，打通服务群众的“最后一公里”，给结对家庭、困难党员送温暖、送信心、送希望，力所能及地帮助他们解决实际困难。通过这些实实在在的举措，清凉峰管理局党组赢得了群众的广泛支持与衷心拥护，进一步增强了清凉峰管理局党组在基层的凝聚力和向心力。图 1－7 为领导为群众送温暖的照片。

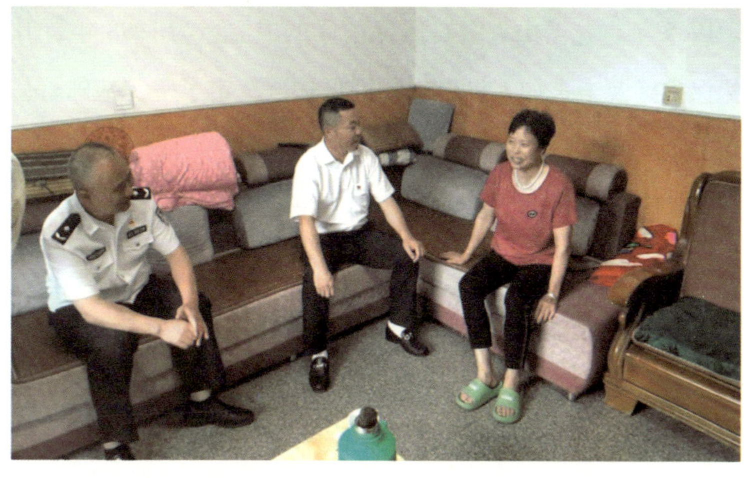

图 1－7　2023 年 6 月董德民局长赴后郎村走访慰问因公牺牲党员家属

第三节　具体成效

一、奠定坚实基础，党建引领启航程

1954～1997 年的理念转换时期，党建引领的力量如同一股无形而强大的纽带，紧密贯穿于清凉峰保护区发展的每一个环节。从昌化林场建场，到 1985 年龙塘山省级自然保护区的建立，这一系列的奠基性工作，都离不开林场党组织的科学引领。在党组织的带领下，林场摒弃了传统短视行为，确立了绿色可持续发展理念。通过科学规划采伐、造林和抚育工作，林场森林覆盖率显著提升至 94% 以上，林场质量得到了改善提升，并成功建成两大用材林基地。与此同时，党组织积极探索多元化经营模式，实现了生态保护与经济发展的协同共进。1985 年，龙塘山省级自然保护区的成立，为 1998 年晋升国家级自然保护区及未来加入世界生物圈保护区奠定了坚实基础。

二、实现跨越发展，党建引领展担当

1998～2010 年的基础建设时期，党建引领发挥着核心驱动作用。1998 年，清凉峰保护区经国务院批准成功晋升为国家级，这一里程碑式的成就标志着清凉峰保护区在国家层面的重要性获得高度认可。次年，浙江清凉峰国家级自然保护区管理局正式挂牌成立，临安市人

民政府发布《浙江清凉峰国家级自然保护区管理办法（试行）》，标志着龙塘山保护区的升级工作圆满完成，也标志着清凉峰保护区迈向了一个新的发展阶段。在保护区升级的过程中，临安市委、市政府及各部门全力支持清凉峰保护区建设，为清凉峰保护区的崛起和发展提供了全方位保障。

在艰苦创业的岁月里，清凉峰管理局党组在后方正同志的带领下，充分发挥战斗堡垒作用，引领保护区团队编制了2000～2030年一期总体规划，获批《清凉峰国家级自然保护区生态旅游专项规划》，积极争取政策和资金支持，开通侯龙公路，建成清凉峰科技馆，开发多个生态旅游景区，完善了清凉峰保护区基础设施建设。在此期间，保护区硕果累累，2002年荣获全国自然保护区先进集体称号，2007年被浙江省森林防火指挥部评为“连续20年无森林火灾先进单位”，2008年省级以上自然保护区综合考评均获优秀等级。这些辉煌成就离不开清凉峰管理局党组的统筹协调和坚强领导。党建引领为清凉峰保护区的发展提供了强有力的政策支持和资源保障，激发了干部职工的昂扬斗志和奋斗热情，凝聚起强大的发展合力。

三、推动快速发展，党建引领结硕果

2011～2018年的机制创新时期，党建引领持续发力，助力保护区在多个关键领域取得重大突破。在清凉峰管理局党组的引领下，保护区积极开展集体林租赁的浙江省全省试点工作，实施人工林政府赎买政策，通过这两种创新方式，有效整合管理区域内的森林资源，极大地加强了对重要生态区域的保护力度。同时，清凉峰管理局党组始终将生态保护与科研监测作为重中之重，引领清凉峰保护区高度重视生物多样性保护。通过实施一系列科学有效的保护措施，成功保护了华南梅花鹿等珍稀濒危物种。为全面掌握区域内物种状况，积极开展生物多样性调查，构建了全域野生动物公里网格化监测体系，在2017年实现了监测全覆盖。2018年，在清凉峰管理局党组的积极协调与推动下，清凉峰保护区建成了浙江省全省首个生态警务室，加强了与各地区、各部门之间的联动协作，筑牢了坚实的生态环境安全防线。

这一时期，在清凉峰管理局党组引领下，全体干部职工心往一处想，劲往一处使，团结协作，共同奋进。凭借卓越的工作成效，保护区在2009~2018年在“省级以上自然保护区综合考评”中连续获得优秀等级，2012年、2016年分别荣获“全国自然保护区先进集体”称号，2016年荣获“全国绿化先进集体”荣誉称号，2018年清凉峰保护区在国家七部委“长江经济带国家级自然保护区管理评估考核”中获得优秀等级。党建引领在这一阶段，为清凉峰保护区发展提供了坚定的思想保障、坚实的组织保障，吸引和凝聚了一大批专业人才，推动清凉峰保护区生态保护与科研监测事业蓬勃发展，不断迈向新高度。

四、助力传承创新，党建引领开新局

自2019年以来，清凉峰保护区步入和谐共生的崭新时代，党建引领全方位渗透到清凉峰保护区发展的各个层面，推动了资源保护、

科研监测、科普宣教、社区共富等各项工作。

在清凉峰管理局党组的引领下，清凉峰保护区积极开展自然保护地优化整合工作。为有效推进林长制建设，清凉峰保护区创新推行“局长管全区、副局长管片区、片区负责人管辖区、护林员包山头”的四级网格化管理模式，同时完善了《护林员管理办法》《护林员考核办法》等一系列规章制度。此外，清凉峰保护区积极推动电子围栏、无人机巡护、建设应急直升机停机坪等现代化手段的应用，并与省航空护林总站开展实战演练，取得了良好的管理成效。

2021 年，在清凉峰管理局党组的引领下，清凉峰保护区成功获批浙江省第二批名山公园，并以此为契机，提出“一园助六镇、区镇共发展”的清凉峰名山公园创建目标。会同属地六镇，共同编制《杭州临安清凉峰名山公园圈总体规划》《清凉峰名山公园“带富”行动计划（2023－2027 年）》，并全力推动实施，切实推进共富项目建设，为区域经济发展与生态保护协同共进探索出一条新路径。

与此同时，清凉峰管理局党组引领保护区在科研领域持续发力。在深入调查研究的基础上，先后开展主要保护对象华南梅花鹿、象鼻兰、安吉小鲵等珍稀濒危物种的保护、繁育、野外回归及监测工作，成效显著。尤其是作为浙江省旗舰物种、明星物种的华南梅花鹿，野外种群数量稳中有升，以清凉峰保护区为核心种源地、外围多点分布的良好态势逐步呈现。因此，清凉峰保护区获批浙江省首个兽类抢救保护基地，梅花鹿案例荣获浙江省生态环境厅生物多样性保护优秀案例。

2022 年 8 月，在中国人与生物圈国家委员会的指导下，清凉峰

管理局党组引领清凉峰保护区启动申报世界生物圈保护区项目。经过不懈努力，2024 年 7 月，天目山—清凉峰世界生物圈保护区在第 36 届联合国教科文组织人与生物圈计划（MAB）国际协调理事会上成功获批通过，这是我国自然保护区首次以扩区的方式加入世界生物圈保护区网络，为保护区打开了国际合作的崭新窗口。此外，清凉峰管理局党组还积极参与第五届世界生物圈保护区大会的申办和筹备工作。

2019 年以来，清凉峰保护区的工作得到了各方的高度认可。2020 年获得“2020 年省级以上自然保护区规范化建设评估”优秀等级，2021 年度荣获浙江省科学技术进步二等奖，2023 年被授予“全国自然教育基地”，同年荣获“浙江省自然保护地保护管理工作突出贡献集体”，2024 年获得“杭州市现代化生态治理工作成绩突出集体”等众多荣誉。

在党建的坚强引领下，清凉峰保护区历经奠基、跨越、快速发展的辉煌历程，如今正昂首阔步迈向传承与创新的新篇章，书写着生态保护与绿色发展的壮丽诗篇。回望过往，每一步都凝聚着汗水与智慧，每一项成就都是对党建引领生动实践的最好诠释。展望未来，清凉峰保护区将紧密围绕党建引领的核心要义，紧握时代赋予的宝贵机遇，深植前辈们留下的精神财富与优良传统，如同薪火相传的火炬，照亮前行的道路。以更加饱满的热情、更加坚定的步伐，肩负起保护区建设与发展的历史使命与时代担当，用实际行动诠释“绿水青山就是金山银山”的深刻内涵，共同绘就人与自然和谐共生的美好蓝图。

第二章

人才建设强化

在生态文明建设的伟大征程中，人才始终是推动自然保护事业发展的核心力量。清凉峰保护区，作为亚热带生物多样性保护的重要阵地，人才建设对于生态保护工作显得尤为重要。清凉峰保护区涌现的一批批人才不仅是清凉峰保护区的宝贵财富，更是推动生态保护事业不断向前发展的强大动力。他们不一定是最优秀的，但是他们是最热爱生态保护事业、最勤劳和最具奉献精神的一批人，他们的故事和经历，激励更多的人投身生态保护事业，共同书写人与自然和谐共生的美好篇章。

第一节　案例介绍

清凉峰保护区内有章叔岩、雷氏三代等这样的基层工作者，他们默默无闻地坚守在清凉峰保护区的最前线，用双脚丈量着每一寸山林，用汗水浇灌着生态绿地，为清凉峰保护区的生态保护工作奠定了坚实的基础；同时也有郭瑞、张宏伟等学术科研工作者，他们凭借深厚的专业知识和卓越的科研能力，在生物多样性保护领域取得了令人瞩目的成就。

一、林间守望者：章叔岩的基层工作轨迹

在杭州市临安区的清凉峰保护区内，每年 10 ~ 11 月，野生的梅花鹿会上演一场惊心动魄的自然奇观。为了争夺繁衍的机会，这些鹿

群会用它们锋利而坚固的鹿角进行激烈的争斗。这样的场面通常不为人知，但清凉峰保护区内的巡护员章叔岩不仅幸运目睹了这一切，还记录下了珍贵的影像资料（见图2－1）。他所捕捉到的鹿鸣声，纯净而原始，让人仿佛置身于古诗“呦呦鹿鸣，食野之苹”所描绘的自然之中。

图2－1　章叔岩在清凉峰保护区观察到的华南梅花鹿群

章叔岩，这位在清凉峰保护区千顷塘保护站工作的巡护员，因其对野生梅花鹿的深情守护而被人们亲切地称为“鹿爸爸”。他的生活与这片土地的生灵紧密相连，他的经历如同一段传奇，展现了人与自然和谐共生的美好篇章。

章叔岩与清凉峰的深厚情谊，最初是被一张报纸上的报道所点燃，那份报道激发了他对野生梅花鹿的浓厚兴趣。在22岁那年，他踏入了临安昌化林场的大门，从此与这片山林结下了不解之缘。他对自然的深深敬畏和热爱，驱使他在这片山野中安家落户，并一直坚守至今，图 2－2 为章叔岩与梅花鹿的合影。

图 2－2　章叔岩与梅花鹿合影

1989 年，章叔岩踏上了守护自然的征程，他的第一站是位于海拔 840 米的千坑林区。在那个时期，他所遭遇的挑战极为严峻，包括但不限于艰苦的工作条件和生活环境：简陋的泥墙房、匮乏的基础设施，购买生活必需品更需跋涉五公里之遥。他在山上成家立业，他的女儿虽然在高山保护站出生，但由于他忙于山上的工作，未能参与女儿成长过程中的学习和生活，这也成为了他心中的一大遗憾。

章叔岩不仅将自己的青春，更是将他一生的心血，都倾注在了清

凉峰保护区上的科研保护工作。1997 年，清凉峰保护区申请成为国家级自然保护区，章叔岩得知清凉峰保护区急需野生华南梅花鹿的影像资料，他毫不犹豫地用家中所有积蓄购买了相机和录像设备。在早期监测和保护梅花鹿的过程中，章叔岩面临着极端恶劣环境的考验。在大雪覆盖的山林中，他勇敢向前，寻找鹿群的踪迹，有时甚至险些迷路。由于梅花鹿对环境极为敏感，章叔岩常常需要独自行动，潜伏在潮湿的灌木丛中，即使裤子被露水浸湿，也必须保持静止不动，以免惊扰到梅花鹿，尤其是当母鹿在哺育幼崽时。经历了数月辛勤地野外工作，他终于成功捕捉到了野生华南梅花鹿的珍贵画面。这一成就不仅填补了该物种影像资料的空白，也为清凉峰保护区内存在这种珍稀动物提供了确凿的证据。

章叔岩不仅是华南野生梅花鹿的观察者和记录者，还是生物多样性保护的见证者和参与者。他的职责超越了巡护员的范畴，他投身于清凉峰保护区内梅花鹿首次半生态繁育项目，亲眼见证了鹿群数量的稳定增加。从“鹿爸爸”的口述中得知，清凉峰保护区 2002 年救助的梅花鹿是个“小女孩”，工作人员给它取名为“倩倩”。“倩倩”是全国首例人工喂养成功的野生幼鹿，随着它逐渐长大，如何让梅花鹿在自然环境下交配繁殖让“鹿爸爸”犯了难。章叔岩为此申报了省林业厅项目支持，在核心区域（千顷塘保护站边上）建了一个小围栏，并绞尽脑汁把区外雄性梅花鹿引进来。章叔岩说：“这个工作小学生都可以做，但要付出大量的时间。”坚持了 7 年后，章叔岩终于成功了。在不进行人工干扰的情况下，让梅花鹿在 180 亩范围内自然繁殖，达到一定数目后对梅花鹿进行了第一次放归。而他的摄影镜头捕捉了梅花鹿的日常生活，为科研和保护工作提供了珍贵的资料。他的努力使得清凉峰保护区在梅花鹿保护工作方面取得了显著的进展。

章叔岩的工作范围广泛，不仅监测梅花鹿，还包括对其他野生动植物的观察记录，以及预防森林火灾等。他不仅积累了丰富的实地考察经验，还积极参与科学研究项目，为制定更加科学合理的保护策略提供了宝贵的第一手资料。他的工作不仅限于数据的收集与整理，他还能够从这些数据中提炼出深刻的见解，为生态保护工作带来新的视角和思路。更令人钦佩的是，章叔岩利用业余时间，将自己在野外考察中的所见所感凝结成一幅幅精美绝伦的摄影作品。这些作品不仅在网络上广泛传播，赢得了广大网友的赞誉与共鸣，更成为了自然教育和科普宣传不可或缺的宝贵资源。通过他的镜头，人们得以近距离感受到大自然的壮丽与细腻，激发了公众对自然环境的爱护之心，促进了人与自然和谐共生理念的传播。章叔岩以他的实际行动和专业精神，成为了生物多样性保护领域的一颗璀璨明星，照亮了清凉峰乃至更广阔自然世界的保护之路。

章叔岩还经常应邀到学校和社区演讲，他的摄影作品饱含着他对自然的深厚情感。他的镜头总能捕捉到自然界的奇妙瞬间，如蟾蜍求偶、雨雾中的鹿鸣、新生的北领角鸮等。在记录物种的同时，章叔岩也在为科学研究提供数据，并致力于将这些记录转化为文化，丰富生态教育的内涵。章叔岩的工作得到了社会的广泛认可，他在保护生物多样性方面的贡献为他赢得了多项荣誉。尽管如此，他依然坚持在一线工作，每年超过 320 天在山上巡护，用实际行动守护着这片土地和珍稀物种。图 2－3 为章叔岩给学生讲解清凉峰动物保护工作。

图 2-3　章叔岩给学生讲解清凉峰动物保护工作

对于章叔岩而言，清凉峰的山山水水都充满了故事，每一只梅花鹿都是自然界的奇妙造物。他 35 年如一日的守护，不仅是对职业的忠诚，也是对大自然深深的敬意。他希望更多的人能够认识到野生动物保护的重要性，并加入保护这片美丽家园的行列中。章叔岩的生活和事业与清凉峰的生态保护密不可分，他的经历展示了人与自然和谐共生的可能性，他的故事传递了一个信息：保护自然环境不仅仅是职业要求，更是一种生活哲学和对生命价值的尊重。

二、匠心筑梦人：张宏伟的专业之旅

张宏伟，1988 年毕业于浙江林学院森林保护专业，2003 年荣获高级工程师殊荣的自然保护领域杰出专家，其职业生涯始终围绕着守护自然这一神圣使命，矢志不渝。由于工作需要，作为技术骨干的张宏伟，一直把工作重心放在生物调查研究方面。37 年的坚守，张宏伟将自己培养成了一棵坚韧不拔的树木，为生物多样性保护和森林生态稳定作出了应有的贡献。

张宏伟说："要做好自然保护工作，就要对保护对象进行摸底调查，包括植物种类、生物学习性、生态位、生物多样性等。"这些看似平凡却至关重要的基础性工作，如同灯塔一般，为自然保护事业的航程指引方向，提供坚实的科学依据与实践指导。

在项目工作与科学研究的广阔舞台上，他认真摸底清凉峰保护区及其周边社区植物资源，确立了 9 个新种及新变种，其中 7 个新类群已经正式发表。而张宏伟的能力也得到了专家、学者认可，同时他与多位专家、学者合作出版了 18 部专著，编写科学论文 35 篇。参与多个浙江省自然保护区生物多样性保护项目，荣获"浙江省科技进步二等奖"；参与蜡梅科资源分类保育和开发利用项目，获得"梁希林业科学技术奖二等奖"，排名第六；参加基于森林可持续经营认证（forest stewardship council，FSC）的经营技术研究与推广项目、多目标森林经营方案研究，获得"浙江省科技兴林奖二等奖"两次。

除了在科研领域的精耕细作，张宏伟还积极投身于学术组织与教育活动的广阔天地。2007 年张宏伟加入浙江省植物学会第十一届理事会青年工作委员会，成为委员之一；2015 年成为浙江省植物学会理事至今，任职省植物学会的植物分类与生物多样性保护研讨班的带队专家；2014 ~ 2016 年担任上海师范大学研究生指导老师；2018 年至今担任浙江农林大学风景园林与建筑学院、环境与资源学院

实践指导老师，为培养新一代自然保护人才倾注了大量心血，他用自己的丰富经验与深厚知识，点亮了年轻学子心中的智慧之光。图 2 –4 为张宏伟进行“植物漫话”汇报演讲的照片。

图 2 –4　张宏伟进行“植物漫话”汇报演讲

在科研探索的征途上，张宏伟从未有过丝毫懈怠。他积极参与了 3 个国家自然科学基金项目的研究工作，这些项目聚焦于薹草属等多个植物类群的系统分类研究。在对清凉峰保护区的深入探索中，他成功发现了 2 个薹草新分类群——清凉峰薹草与浙江薹草，这些新发现为莎草科植物的分类研究开辟了新的视野，提供了全新的思考角度。作为浙江省财政林业专项补助资金支持的“极小种群生物保护与拯救”项目的主持人，张宏伟在巴山榧、天女木兰、膀胱果以及象鼻兰、华榛等野生种群的保护与扩繁工作中取得了令人瞩目的成绩。华榛已成功推广至外地栽培 4000 余株，象鼻兰组培苗在回归原生境后更是自然开花结实，这些为国家一级保护植物的存续与发展奠定了坚实的基础。同时，他还利用项目资金引进了多种珍稀植物，成功攻克了部分植物的繁育难题，育苗数量高达数万株，为自然保护事业注入了新的活力。

张宏伟的职业生涯，是对自然保护事业的深情告白与坚定承诺。他用自己的实际行动，诠释了一个真正自然保护工作者的责任与担当。他的故事，如同一曲动人的乐章，告诉我们：唯有深入了解自然、尊重自然、保护自然，方能实现人与自然的和谐共生，共创美好未来。

三、智领风华：郭瑞的专家管理诗篇

郭瑞是位“80 后”，也是一名中共党员，现为清凉峰保护区科研监测科科长，高级工程师。他的故事如同这片土地一样，充满了生机与坚韧。图 2－5 为郭瑞在会议上作报告的照片。

图 2－5　郭瑞 2019 年在中国人与生物圈国家委员会保护区网络青年科学奖会议上作报告

郭瑞出生于陕西农村，从小便与自然为友。进入大学之后，他毅然选择了森林保护学作为自己的研究方向，大学中多次到全国探访和调研实践使他更加钟情于生物多样性保护事业。2012 年研究生毕业后，郭瑞作为引进人才在清凉峰保护区工作，带着对生物多样性保护的热爱，开始了他长达 12 年的坚守。这 12 年，他一直坚守在高山保护站的科研岗位上，深入清凉峰保护区的角角落落，足迹遍布了清凉峰保护区的每个山头，每年野外工作 100 余天，累计步行达 8000 多千米。当被问到在山上待这么久寂不寂寞时，郭瑞不假思索地表示："一位前辈告诉我干这一行要耐得住寂寞，守得住初心，我是和诸多前辈一样做了些工作，没有别的想法。"正是由于这种踏实的工作态度和扎实的专业基础，郭瑞荣获了 2019 年"中国生物圈保护区网络成员 · 青年科学奖"，是清凉峰保护区工作者的典范。

对于自然保护区来说，保护是根本、科研是灵魂，科研监测工作是保护的基础，也是影响保护成效的关键。郭瑞更是以高度责任感和不懈努力，将自己所学的知识真正运用到了实践中。"哇，这是安吉小鲵昨天产的卵胶囊，数量这么多啊！"这是郭瑞和同事一起参与安吉小鲵繁殖期监测时的情景。安吉小鲵为国家一级保护野生动物，野生种群数量稀少。清凉峰每年 12 月就会下雪，安吉小鲵也正是这时候开始产卵，这是能够见到安吉小鲵的关键期。他经常讲："党员就要冲在第一线，能吃苦，有困难时能迎难而上。"因此，郭瑞主动承担了 15 天一次的监测任务，为了监测数据的不间断，掌握关键期的繁殖生态及行为，他风雨无阻。在历时 10 多个小时的监测工作后，全身湿透的他回到保护站兴奋地说："除了原来的水坑加上周边发现的卵胶囊，今年有 100 对左右的卵胶囊，数量比去年多 20 多对，我们的方法有效，安吉小鲵繁育的关键点找到了。”他热爱自己的工作，对待工作一丝不苟，固执且有想法。图 2－6 为郭瑞和同事在野外安装红外相机的照片。

图 2－6　郭瑞和同事在野外安装红外相机

在科研成果方面，郭瑞同志的科研保护工作获得了国内外学术界的一些关注与认可。他先后在“第三届全国生物多样性监测会议”“第四届野生动物监测与保护学术研讨会”以及“浙江省生物多样性保护会议”上作学术报告，分享其宝贵经验与成果，播撒知识的种子。不仅如此，郭瑞拥有授权发明专利 3 项，出版《浙江舟山昆虫》专著 1 本，先后以第一作者或通讯作者发表论文 16 篇，作为第二、第三作者发表论文 18 篇（其中 SCI 5 篇）。参加 COP15 大会的青年与生物多样性故事征集活动，荣获视频类一等奖、图片类三等奖各 1 项，用视频和图片的方式讲出了青年对生物多样性保护的临安做法。此外，他还参加中国人与生物圈国家委员会组织的首批中国生物圈保护区青年创新小组，团结中国生物圈保护区青年共同奋斗，为保护

事业作出积极贡献。

郭瑞不仅以其坦诚务实的态度与乐于奉献的情怀，在工作岗位上默默耕耘，勤勉尽责。更令人动容的是，他怀揣一颗热忱之心，十余载光阴不改，持续投身于无偿献血的志愿行列，献血总量达 7200 毫升，荣获“2018～2019 年度全国无偿献血奉献奖铜奖”。此外，他还热心公益事业，积极参加各类公益活动。郭瑞认为，“最重要的是思想意识，除了游客和当地居民之外，各类社会力量也都可以为生物多样性保护作出贡献”。郭瑞联合杭州日报科学松果会、杭州市低碳馆和保护区周边村庄社区等单位开展公益科普讲座及专项活动，他以亲身经历与野外监测的动人故事为笔，勾勒出一幅幅清凉峰保护区神秘而壮丽的画卷，累计点亮了 6000 余颗求知若渴的心灵。郭瑞不仅让大众得以窥见清凉峰保护区的奥秘，更在中小学生心中播撒下生态保护的种子，激发了他们对自然生态的深切关怀，引领更多人步入生态保护的行列，为人类与自然界的和谐共生献上自己的一份力量。图 2－7 为郭瑞给学生开展科普讲座的照片。

图 2－7　郭瑞给学生开展科普讲座

郭瑞是新时代“守山人”中的一员，也是一名发挥党员先锋引领作用的党员。他将青春奉献给清凉峰保护区，坚守林业人的初心和使命，让鲜红的党旗始终高高飘扬在清凉峰保护区上。

四、绿意传承：雷家三代，造林·守林·茂林之歌

在清凉峰保护区，雷根法家族三代人（见图2-8）持续60年造林、护林、茂林。这一事业始于60年前的开拓，历经60载岁月的沉淀，他们的足迹深嵌山林保护实践，行动中始终贯穿着对生态保护矢志不渝的坚守。

图2-8　雷家三代合影

1955年，23岁的雷根法从衢州林校毕业，他先后投身于天目山林场和昌化林场的工作，在那个时代，林场肩负着光荣而艰巨的使命——植树造林，绿化荒山，生产木材支援国家建设。那时候，千坑

保护地还是一片荒芜，茅草丛生，树木稀疏。然而，正是这片看似贫瘠的荒山，却引起了昌化林场的关注，林场随即派遣精干队伍到此，植树造林，打造林区。

雷根法一直坚守在这片荒芜的土地上，肩扛铺盖，怀揣干粮，以坚韧不拔的意志，投身于植树造林的伟大事业之中。岁月流转，昔日那片不毛之地，如今已蜕变成为树木葱郁、碧波荡漾的浩瀚森林，见证了人类与自然共同努力下的奇迹。

在这漫长的绿色征途中，雷根法以笔为锄，为下一代环境保护工作者留下了一笔不可估量的精神财富与宝贵经验。雷根法的造林日记，记录了他从1973年开始的每一年植树的情况，以及他当年种下的树木测量生长情况。30余年来的造林日记，如同一部生动的历史长卷，不仅记录了他与这片山林共同成长的点点滴滴，更承载了他对大自然无尽的热爱与奉献。每一页纸张，都仿佛在诉说着一个关于坚持与梦想的故事，让人不禁为之动容。图2－9为雷根法的造林日记。

图2－9　雷根法的造林日记

而今，雷根法已步入耄耋之年，91 岁的他，脸上刻满了岁月的痕迹，但心中那份对山林的深情与执着依旧炽热。雷根法的坚守和付出，得到了国家的认可，1986 年他被评为全国绿化劳模。1993 年，雷根法光荣退休，在退休之际，雷根法心中充满了满足感，他在过去 30 多年里，坚守在深山中，致力于造林和爱林的事业，他的精神和对这片山林的热爱，通过他的家族传承了下来，继续在清凉峰保护区书写着绿色的故事。图 2－10 为雷根法和清凉峰保护区工作人员测量珍稀树木的照片。

图 2－10　雷根法和清凉峰保护区工作人员测量珍稀树木

雷根法家族，世代与山林为伴，他们用实际行动续写着家族与山林的新篇章。1984 年 12 月，雷根法的儿子雷福民接过了父亲的接力

棒，通过招工考核，雷福民光荣地成为了昌化林场的一员，被林场人亲切地称为“林二代”。他接过父亲的接力棒，继续在昌化林场这片充满希望的土地上，投身于造林与护林的崇高事业。

在雷福民加入林场工作时，林场的主要职责已经从种植经济林转变为环境美化和生态保护。他回忆道：“在我工作的这些年里，我们大量种植了枫香树、木荷、马褂木、槭树等常绿混交阔叶林，目的是增加林区的生物多样性，构建一个多样化的生态系统。”他强调了树苗成长初期抚育的重要性，并将其比作照顾未成年的孩子。由于山上放牧的牛羊对幼苗的破坏，他们不得不日复一日地在抚育区巡逻，驱赶牛羊，尽管如此，仍有幼苗遭到损害。他们坚持不懈地补种，直到荒山变成了郁郁葱葱的森林。

1998 年，随着清凉峰保护区升级为国家级自然保护区，昌化林场的部分地区被纳入清凉峰保护区，雷福民和他的同事们调整了工作职责和管理模式，推动了生态保护和森林经营的双重发展。在 20 多年的时间里，雷福民和他的团队每天都在密林中巡逻，翻山越岭，进行森林防火检查，协助警方打击非法狩猎和盗伐行为。现在，清凉峰保护区内安装了监控和红外相机等设备，严格的管理使得清凉峰保护区多年未发生非法狩猎和盗伐事件。

2001 年，昌化林场获得了国际 FSC 森林管理认证，这是中国在这方面的首次突破。FSC 认证是由独立的第三方机构根据国际公认的森林经营原则和标准进行的审核，以证明其达到了可持续经营的要求。不仅如此，昌化林场以生态保护为前提的可持续森林经营模式，还帮助林场两次获得浙江省科技兴林奖，并培养了一批具有理论和

实践经验的工程师。

生态文明的发展不仅依赖于一代又一代人的无私奉献，同时也需要科学有效的方法作为推动力。2020 年，雷福民的女儿雷倩从中国科学院硕士毕业。也许是体内流淌着前辈的血液，雷倩自带的“山林气”隔绝了世俗的就业观，她欣然通过报考加入清凉峰管理局，用新的理念、新的技术助力清凉峰保护区开展生态保护建设，助力生态保护工作。她喜欢穿上户外登山服，戴着草帽，背着科研装备，更换红外相机的监测点位，以捕捉珍稀野生动植物的影像，致力于生物多样性的细致调查与严格监管。雷倩坦言，自己最喜欢做的事就是往山里钻。几年的野外工作，让她的皮肤从白皙变成了健康的小麦色，但她觉得这样的变化非常好。

尽管拥有名校背景，但是雷倩认为自己在野外工作方面的经验还不够丰富，因此她经常跟随经验丰富的前辈进行野外调查，收集数据。她表示，听章叔岩、张宏伟、郭瑞等前辈讲述他们的经历，参与野外工作，不仅充满乐趣，也是积累经验的好机会。与前辈们相比，新一代的林业工作者更加注重利用科技力量来加强生态保护。雷倩提到，近年来，清凉峰保护区通过专职管理和人工繁育等措施，对珍稀濒危植物进行了种质资源的收集和保育工作，有效保护和繁衍了这些物种。她还参与了国家二级保护植物夏蜡梅的野外回归活动，将 100 多株健康的夏蜡梅移植回其原生地。她和同事们将继续监测这些夏蜡梅在自然环境中的生长和繁育情况，利用科技力量推动清凉峰保护区生物多样性的建设。清凉峰管理局的同事们认为，雷倩的加入为保护区的现代化建设带来了新风：

（1）科研信息化。雷倩在地理信息系统和科研数据分析方面有深入的了解，她负责了所有与 ArcGIS 相关的工作，填补了清凉峰保护区在矢量数据方面的空白，成为保护地整合、勘界定标、红外相机位点分布和样线设计等工作的核心力量。

（2）管理数字化。工作三年来，她将清凉峰保护区内的纸质科研项目资料进行了数字化处理，并对科研监测设备和物品进行了归档整理，建立了资料和设备数据库，方便了项目的查询、复查和错误更正，也简化了设备的管理。

（3）目标白板化。她提倡将科室的日常工作任务写在白板上，以提醒自己和同事每周的工作安排。雷倩表示，清凉峰保护区计划在她爷爷曾经驻扎过的千坑管理房旧址上建立种质资源基地，为生物物种提供一个“诺亚方舟”。

这个家族三代人的不懈努力，为清凉峰保护区成为了北纬 30°的“绿色宝库”贡献了重要力量，梅花鹿、黑麂、安吉小鲵、白颈长尾雉等保护动物在这里繁衍生息，华东黄杉、夏蜡梅、香果树等珍稀植物在这里繁茂生长。无论是当年的雷根法投身林场，绿化荒山，还是后辈们接续努力，守护绿色，这个家族都始终坚守着与山林的约定，为祖国的绿化事业和生态文明建设贡献着家族的力量。他们的故事，如同一首绿色的颂歌，在山林间回荡，激励着更多人投身于绿色的事业，共同书写人与自然和谐共生的美好未来。在这片林海中，鹿鸣声声，大山深处的坚守仍在继续。

第二节　创新举措

一、引新培才，协同共进共育

清凉峰保护区高度重视新生力量的引进和培养工作，连续多年申请用编计划，招入新鲜血液。同时，完善人才培养计划和岗位设置，让青年人才在宣传组织、先锋作用、志愿活动等岗位上发挥力量。安排具有丰富经验和深厚专业功底的同志担任导师，全面负责新进人员的培养工作。通过以老带新的方式给予新进人才思想上的正确引导以及业务技术上的悉心帮助。此外，积极与上级部门沟通协调，提供机会让新同志进行脱产培训学习，以便其能够进一步提升自己的综合素质和业务能力。清凉峰管理局还借助人才团队的力量，强化人才组织建设，完善各项管理机制，旨在提升人才团队的服务效能、学习动力及协作能力。通过促进不同人才团队之间的交流与学习，增强了团队成员之间的互动与合作。同时，加大对人才的主题教育培训力度，不断提升人才队伍的整体素质和能力水平。

二、才岗相契，搭建人才梯队

清凉峰管理局设置了人岗相适、人尽其才的岗位体系。首先，管理局进行了岗位分析，对岗位职责、工作内容、工作条件进行全面细

致地分析，以明确岗位的要求和特点，为后续人才匹配提供参考依据。同时，在招聘新人的过程中，根据岗位特点和岗位需求制订招聘计划，招聘流程符合人力资源管理规范，采用笔试、面试、考察等多种形式，全面评估拟聘人员的能力和潜力，筛选符合岗位要求的人员。中层干部作为组织的中坚力量和骨干，其思想素质、业务水平及工作能力，很大程度上关系到各项任务的完成和目标的高效实现。因此，清凉峰管理局在选举中层干部时不断提高选拔门槛，加强中层领导结构的优化、整合，提高凝聚力、战斗力和队伍整体活力。中层干部队伍中绝大部分是中共党员，工作坚持实干，认真履责，业务水平高，能够为他人提供实际的指导和帮助。同时拥有更强的大局意识，注重团队协作，传递正能量，为整个清凉峰管理局团队增强凝聚力，提高工作效率。其次，注重老中青结合，形成合理的年龄层次，年龄大的干部在工作岗位时间较长，对单位感情深厚，经验丰富，遇事能保持冷静的头脑，善于审时度势；中年骨干业务娴熟，精力相对旺盛，是不可替代的关键力量；青年干部具有更强的活力和适应能力，能应对各种不同的挑战和发展机遇。最后，清凉峰管理局不断调整人员学历结构，优化专业力量配置。构建多元化、高层次的知识体系，细致分析岗位需求，精准匹配人才资源，激发团队成员的潜能，促进团队整体的专业成长与创新发展。

三、汇聚人才，强化一线人员培养

清凉峰保护区为了解决基层站所人员力量不足带来的管护问题，

及时从多渠道增加人员以充实一线站所。首先，在区委编办核定的编外用工数量有空缺的情况下，公开招聘护林员，分别分配到龙塘山保护站、千顷塘保护站、浙川保护站和顺溪坞保护站，参与巡查监管、森林防火、“驴友”管控、生物多样性保护、森林法治宣传等工作。其次，利用天池国兴公司人员实行联合管护，通过部门间密切合作，共同推进森林保护和管理工作，协调解决各类森林资源争议。最后，聘请清凉峰保护区周边村镇林场的协管员协助做好清凉峰保护区内的护林防火监督管理工作。分派新进的男同志到各个保护站点锻炼，亲身参与巡山护林、监测野生动物活动、检查防火设施等工作，用脚步丈量大山，守护一方青山绿水。

第三节　具体成效

一、人才引进与留用成果丰硕

在人才引进方面，清凉峰管理局持续吸纳年轻同志，为清凉峰保护区注入新鲜血液。2019 年，公开招录工作人员 3 名，吸收部队转业 1 名；2020 年，公开招录工作人员 2 名；2021 年，公开招录工作人员 3 名。录用的 9 名成员中，4 名为党员，2 名为硕士，其余均为本科，职工队伍趋于年轻化，人才队伍进一步扩充。

在留用人才方面，保护区成功盘活人才资源、发挥人才效能，培养了一批中青年党员骨干，也历练了一批敢于冲锋危险一线、潜心钻

研科学研究、下沉一线保护工作、提供幕后保障的新时代先锋青年。通过基层锻炼，不断锤炼其党性，提升了人才的政治品质，养成了人才为人民、讲大局的品行作风，有效提高了人才的留存率。

二、人才制度推动生态保护成效明显

清凉峰保护区的人才制度在推动生态保护方面取得显著成效。保护人员利用专业知识和实践经验，成功开展了华南梅花鹿等濒危物种的保护繁育研究，实施了生态修复工程，有效缓解了栖息地破碎化、岛屿化问题。同时，清凉峰保护区还加强了对生物多样性的保护力度，逐步形成了集濒危物种保护、繁育、野外回归及监测为一体的濒危物种保护体系，濒危物种种群数量不断提高，其中清凉峰保护区主要保护对象华南梅花鹿已由建区前的不足 100 头增长至 300 余头，同时清凉峰保护区持续加大放归力度，2020 年 5 月 ~ 2023 年 11 月，先后 6 次放归了总计 81 头华南梅花鹿；安吉小鲵繁殖期卵胶囊的数量由原来的 60 ~ 80 条增长至现在的 100 余条；成功繁育象鼻兰实验室组培苗 5000 余株，野外回归 2000 余株；此外，还开展了华榛、巴山榧、天女花等极小种群的种苗繁育圃建设，共繁育濒危植物 18 种约 18000 株，野外回归及推广种植约 15000 株，有效扩大了濒危植物野外种群。

三、数字化管理与智慧化监测能力提升

在人才制度的推动下，清凉峰保护区实现了数字化管理与智慧

化监测能力的提升，实现了千顷塘梅花鹿保护区域的红外相机网格化监测，截至目前，清凉峰保护区已建成野外视频监控前端32个、森林消防智能语音播放器22套、无人机智慧管理系统1套，巡护监测无人机2架、护林员巡护系统1套，实现数字化一体监管。布设115台红外相机，开展野生动物网格化监测，获取野生动物照片160余万张，记录到华南梅花鹿、白颈长尾雉、鬣羚、豹猫等鸟兽类野生动物50余种，进一步提升了保护区的监测能力和管理水平。这些成果的取得离不开保护区内高素质人才的辛勤付出和无私奉献。

第三章

基础设施改善

清凉峰保护区自1995年启动基础设施系统化建设以来，通过多阶段投入与科技融合，逐步构建起覆盖生态保护、森林防火、旅游服务及管理运营的现代化设施体系。保护设施方面，累计建成5座核心保护站、5处保护点及4座哨卡，形成“点线面”联动的巡护网络，并配备红外监测、无人机巡航等科技手段，实现对保护区珍稀动植物科研监测的100%覆盖。森林防火系统依托47千米生物防火林带，有效防范了森林火灾风险。道路建设完成三级公路改造与生态游步道铺设，行车效率得到提高，带动周边旅游收入不断提升。旅游设施融合科普与体验功能，植物园、科技馆及生物多样性展厅年接待游客量不断上升。办公设施完成搬迁升级，集成科研、宣教与智慧管理功能。清凉峰管理局不断投入的基础设施工程，为清凉峰保护区生态安全与可持续发展奠定了坚实基础。

第一节　案例介绍

清凉峰保护区，这片自然风光秀丽、生物多样性丰富的宝地，正经历着一场前所未有的基础设施建设新篇章。从科研保护设施的完善到人员办公设施的升级，再到旅游道路和科教设施的革新，它正以坚实的步伐，迈向更加绿色、智能和可持续的未来。

一、保护设施的完善之旅

（一）基层保护站点建设水平进一步提升

2002 年，清凉峰保护区迈出体系化建设的第一步。首笔 20 万元资金注入千顷塘与龙塘山，两座保护站迅速建成，成为深山中的首批“生态哨兵”。次年，保护区建设全面提速：顺溪坞、道场坪等 4 座保护站和东岙头保护点及哨卡相继落成，总投资达 80 万元。这些站点初步串联起保护区的巡护网络，为后续发展奠定基础。这些保护站不仅是日常巡逻、监测与保护的坚实堡垒，更是野生动物救援和生态保护宣传的前沿阵地。保护站的工作人员肩负着多元化的工作任务，他们不仅是生态安全的守护者，更是生态文明的传播者，为清凉峰保护区的生态安全筑起了一道坚不可摧的防线。

2004 年，清凉峰保护区基础设施迎来第一次大规模升级。全年建成 3 座保护站、5 处保护点及 2 座哨卡，龙塘山与千顷塘的巡护半径大幅延伸；2005 年，马啸浙川保护站 50 平方米的管护用房建设完成，干坑哨卡同步启用，边界管控能力显著提升。次年，龙塘山首座防火瞭望台覆盖 80% 林区，顺溪坞保护站也新增远程视频监控中心，24 小时值班室与扑火工具库的设立，标志着“人防 + 技防”模式的雏形初现；2007 年，清凉峰保护区开启基础设施现代化进程。森林防火远程监控系统升级，龙塘山、千顷塘瞭望台设备焕新，并建设森林防火远程视频监控系统指挥室，火情响应效率不断提升；2012 年，第二轮高山保护站规范化建设启动，千顷塘区域保护站按标准化整修，道场坪哨卡增派专职人员，年均拦截非法事件30余起。2014年成为关键转折点：顺溪坞保护站作为三期国债项目竣工，240平方米的钢筋水泥建筑矗立山谷，填补了区域空白。千顷塘危旧房屋改造与园路绿化工程同步完成，生态保护与景观建设首次融合。图3-1为龙塘山保护站门前的照片。

图3-1　清凉峰保护区龙塘山保护站

2015年，清凉峰保护区基础设施建设迈入“智慧化”时代。大源塘梅花鹿监测点配备红外相机，81.6平方米的监测站实现种群动态追踪；远程监控系统升级后，火情自动识别功能得到重大升级。2016年，访问者中心会议报告厅落成，数字化展厅年均接待访客2万人次，生态宣教步入新阶段。2021年，清凉峰保护区完成再一次功能跃升：龙塘山瞭望台维修、千顷塘梅花鹿扩繁场设施升级、生物

多样性监测中心投用，低压配电网改造工程实现电力全覆盖。此时，保护网络已涵盖5座保护站、5处保护点、4座检查哨所及2座瞭望塔，总投资累计超2000万元。清凉峰保护区的一些通信设备状况如图3-2所示。

图3-2　清凉峰保护区的一些通信设备

20载耕耘，清凉峰保护区森林覆盖率不断提升，华南梅花鹿种群不断增长，盗猎案件不断下降。曾经的荒僻山林，如今成为长三角生态安全标杆。保护站内，巡护员从手绘地图到科技监测；哨卡前，从人工登记到人脸识别；瞭望台上，从望远镜观测到远程监控——每一步变迁，皆是守护者与时代的共鸣。

（二）森林防火基础设施进一步完善

1995年，清凉峰保护区首次编制《生物防护林带工程规划》，为

森林防火体系建设埋下第一粒种子。2002 年，随着首条防火线与生物防火林带的修建，清凉峰保护区正式拉开防火屏障建设的序幕。次年，35 千米生物防火林带竣工，被列为杭州市样板工程，获专项拨款 10 万元。这些工程初步构筑起林火阻隔网络。

2004 年，杭州市发布《森林防火戒严令》，清凉峰与天目山保护区全面封控，所有山路设卡严查，开创“零火情”先例。同年，《临安市生物防火林带总体规划》落地，清凉峰率先完成 20.38 千米示范林带建设。此阶段，防火林道从单一阻隔向“巡护—阻隔—应急”多功能融合转型。

2009 年，千顷塘、大平溪等区域开辟 20 千米防火隔离带，阻隔网络向纵深延伸。2014 年，“引水灭火”一期工程启动，投资 71.46 万元建造蓄水池 3 座、堰坝 4 座，配备高压水泵 3 台，受益面积 79 公顷。次年，顺溪坞埋设消防水箱 50 只、浇筑水池 4 座，龙塘山消防道路拓宽硬化，消防响应效率大幅提升。2016 年，电子卡通警察系统上线，龙塘山、千顷塘等关键区域安装 12 个智能监控点，实现“人防 + 技防”无缝衔接。同期，消防水桶、风力灭火器等装备全面覆盖基层站点，防火设备库完成标准化改造。

2017 年，清凉峰保护区抗旱工程投用 20 吨蓄水池 8 座、消防水桶 103 只，旱季防火能力显著增强。2020 年，龙塘山巡护道路综合整治工程竣工，新建栈道 110 米、防护栏杆 360 米，47 千米防火隔离带完成维护，巡护效率得到极大提升。2022 年 7 月，清凉峰保护区应急救援航空直升机临时起降点投入使用。该直升机临时起降点工程于 2021 年启动建设，位于龙塘山保护区域，海拔 900 米，与正在

建设中的双溪口水库直线距离 4.3 千米，与龙塘山水库直线距离不足 300 米。清凉峰保护区应急救援航空直升机临时起降点可充当清凉峰保护区及两昌地区森林资源的“保护伞”，提高临安乃至全省的森林消防现代化水平，促进临安生态文明建设，发挥杭州西部生态屏障作用。2022 年，森林防火迈入智能化新阶段：22 台立杆式智能语音播放器实时播报防火警示；2 台无人机开展空中巡查。保护区“空天地一体化”防火网络初具规模。

20 多年砥砺前行，清凉峰保护区累计建成 47 千米防火林带，配备消防水池 22 座，火情发生率实现大幅减少。图 3 – 3 为清凉峰应急救援停机坪。从手执灭火器的巡护员，到无人机巡航的“天空之眼”；从人工修筑的防火隔离带到科技预警的智能屏障——每一步跨越，皆为绿水青山的永恒承诺。

图 3 – 3　清凉峰应急救援停机坪

（三）数智化保护体系逐步完善

2005 年，清凉峰保护区投资 100 余万元在清凉峰顶、朝山瞭望

台等关键区域布设首批视频监控系统，采用军用技术搭建主控室。这一工程被纳入浙江省“十一五”规划，标志着清凉峰保护区完成从传统巡护迈向科技化监测的转变。至 2009 年，总投资 235 万元的千顷塘视频监控系统投用，红外夜视、入侵报警等技术首次应用于梅花鹿监测，保护区 2/3 面积实现实时监控。

2010 年，清凉峰保护区投入 30 万元建成 GPS 巡护系统，护林员手持定位终端深入密林，巡检路线首次实现数字化记录。2011 ~ 2012 年，GPS 定位手机升级，配套管理办法出台，巡护效率不断提升。2017 年，护林员管理系统上线，25 个智能终端覆盖千顶墙、龙塘山等区域，防火、防盗数据实时回传指挥中心。这真是过去巡山靠经验，现在靠数据，隐患无处遁形。

2018 年，视频监控系统再迎升级。当年投入 80 万元安装了 13 个高清球机、2 个枪机，55 寸拼接屏构筑“监控天幕”，图像清晰度跃升，火情识别响应时间缩短至 10 分钟。同年，红外触发相机首次捕捉到野生华南梅花鹿与黑麂的清晰影像。

2020 年，清凉峰保护区与浙江省航空护林站签署《地空联防合作协议》，3 名技术人员取得无人机驾驶资质，空中巡查正式纳入防火体系。无人机搭载热成像仪，单次飞行可覆盖 50 平方千米，火情监测盲区降至 5% 以下。2022 年，清凉峰保护区“天地空”三位一体监测网成形。一是 18 个高空鹰眼摄像头覆盖全域，热成像精准锁定火点；二是累计建成防火林带 47 千米并有护林员巡护；三是无人机季度巡航，每月不少于一次巡护。

清凉峰保护区的实践印证，当科技与自然共舞，生态保护不再是

孤军奋战，而是人与技术的交响。

二、道路建设与旅游发展的共生之路

（一）公路建设：从泥泞小道到生态通途

清凉峰保护区因其独特的生物多样性和生态价值而闻名，但长期以来受限于交通闭塞，区域经济发展滞后。1996 年 5 月，临安县政府组织多部门实地考察龙塘山，决定修建连接杭昱公路与保护区的公路，旨在打通交通瓶颈，促进生态旅游与民生改善。初期规划为四级公路，由县交通局主导勘测设计。

1996 年的勘测队带着经纬仪和图纸，在 11.4 千米的规划线路上留下标记。四级砂石路的标准，预算仅 800 万元，施工队用铁锹和炸药一寸寸推进。2000 年 1 月，侯头至鸠甫山段公路开工，10.54 千米的道路穿越 6 个行政村，村民也积极配合工作。工程最艰难处，工人需腰系绳索悬空凿岩，日均进度不足百米。2001 年 10 月，侯龙公路全线贯通，耗资 1700 万元，沥青路面替代了砂石路面。此外，2002 年，追加 40 万元完成侯龙公路配套工程，增设警示牌 12 处、排水沟 8 千米，使得雨季滑坡事故发生的概率大幅减少。

公路通了，过来旅游的人员日益增多。2002 年，清凉峰管理局在龙塘山腹地斥资 150 万元，以青石板铺就一条 4 千米长的生态游步道。这条小径蜿蜒于古树与溪涧之间，串联起生物栖息地与百年古道，步行需 3 小时。2004 年，清凉峰山庄开业，70 间准二星级客房填补了高端住宿空白。2014 年，清凉峰管理局与浙江省围垦造地开

发有限公司签订了1000万元的三星级宾馆的改建及旅游接待设施扩建工程协议，首期投入300万元建成80间标准房，游客接待量翻倍。

2018年秋，“万人穿越马啸岭”活动启动，数千徒步者踏上修缮一新的游步道。同年，8300沉香酒店二期工程——“职工疗休养基地”开工建设。2021年，总投资4亿元的颊口至华光潭公路改造完成，采用三级标准、6.5米宽沥青路面，将颊口至浪广行车时间缩短至20分钟。龙塘山段采用桥隧结合技术，减少对核心区珍稀动物栖息地的干扰。

清凉峰保护区从交通闭塞的深山到游客络绎的生态胜地，每一步变迁都印证了基础设施与自然保护的共生之道。这条路，不仅载着山货出村、游客进山，更承载着对青山的敬畏。图3－4为清凉峰山顶的秀丽风景。

图3－4　清凉峰山顶

（二）清凉峰植物园：自然与科普的完美融合

公路的贯通为旅游业奠定了基础，清凉峰管理局开始注重加大对旅游景区的开发和景区基础设施的建设。清凉峰植物园位于龙塘山区域内，是一个集科普与旅游于一体的综合性植物园（见图3－5），以其独特的自然景观和丰富的植物资源吸引着众多游客和学者前来探访。

图3－5　清凉峰珍稀植物园

走进植物园，喀斯特地貌与石林景观映入眼帘，仿佛置身于一个神秘的自然世界。这些奇特的地貌结构孕育了丰富的植物资源，植物园内拥有1000多种植物，其中珍稀濒危植物30余种，如银缕梅、南方红豆杉等，观赏植物50余种，如天目木兰、蝴蝶荚蒾等。这些植

物为游客们提供了观赏的乐趣，更为科普教育提供了宝贵的资源。

植物园内设有明确的游览路线，游客们可以沿着路线欣赏石林奇观，探索喀斯特地貌，同时观赏各种珍稀植物。在游览过程中，游客们还可以参与植物园开展的一系列科普教育活动，如植物识别、生态摄影等，深入了解植物的生长习性和生态价值。这些活动不仅提高了公众对植物多样性的认识和保护意识，更为游客们提供了一个与自然亲密接触的机会。此外，植物园内还设有休息区和服务设施，为游客们提供了舒适的游览环境。无论是对于热爱自然的游客，还是对于寻求科普知识的学者，清凉峰植物园都是一个不可多得的好去处。

（三）千顷塘：湖光山色，设施更新

清凉峰千顷塘，这片融合了旅游与科教功能的胜地，犹如一颗闪耀的宝石点缀在青山绿水之中。精心策划的生态体验地让人流连忘返。互动类设施中的植物照片墙，不仅以翻转互动的创新方式，生动展示了清凉峰区域30余种珍稀濒危植物的独特魅力，还激发了游客对自然生态的好奇心和探索欲。观鸟平台与观鸟亭，则巧妙地利用地形优势，让游客能够近距离观察栖息于此的鸟类，聆听它们的悦耳歌声，感受大自然的和谐与宁静。

探索类设施同样别出心裁，昆虫旅馆以其独特的木质结构（见图3-6），吸引了众多昆虫前来栖息繁衍，为游客提供了一个全新的观察视角，让他们得以窥见自然界中不为人知的秘密。动物脚印雕刻则一比一还原了华南梅花鹿、黑麂等珍稀动物的足迹，配以详尽的知识讲解牌，让游客在探寻中增长见识，享受探索的乐趣。

图 3－6　昆虫旅馆

不仅如此，华南梅花鹿繁育中心无疑是另一大不容错过的璀璨亮点，它优雅地坐落于风景如画的千顷塘景区（见图 3－7）腹地。这里的基础设施建设精良，为游客提供了一站式的自然探索与亲子互动体验。

图 3－7　千顷塘景区

在科普教育方面，繁育中心配备了现代化的多媒体教室和互动展示区。游客可以在这里聆听由专业讲解员带来的生动科普讲座，深入了解珍稀动植物保护与繁育的最新知识和技术。说到与野生梅花鹿的亲密互动，繁育中心更是下足了功夫。为了确保游客的安全与梅花鹿的舒适，中心特别设置了观鹿平台和互动区。观鹿平台宽敞明亮，游客可以在此远距离观察梅花鹿的生活习性，感受它们的灵动与优雅。而互动区则采用了先进的隔离栏和喂食系统，游客可以在工作人员的指导下，亲手给梅花鹿喂食，体验与这些温顺生物的亲密无间。

此外，繁育中心还注重生态环境的营造和保护。中心内绿树成荫，花香四溢，为梅花鹿提供了一个仿自然的生态环境。同时，中心还设有生态监测站和实验室，对梅花鹿的种群动态、健康状况以及生态环境进行实时监测和研究，为科学保护和繁育提供了有力的数据支持。

（四）科技馆与生物多样性展厅：科技展厅，设施智能

清凉峰保护区，以其得天独厚的自然资源和丰富的教育资源，成为了公众探索自然奥秘、学习生物多样性知识的宝库。其中，清凉峰科技馆与生物多样性展厅尤为亮眼，作为两大核心科普平台，它们共同构成了公众深入了解自然、领略生物多样性之美的重要窗口。

清凉峰科技馆（见图 3－8），坐拥 667 平方米的宽敞空间，内部陈列着各类浸制标本，包括昆虫、鱼类、两栖类、爬行类、猛禽类、森林鸟类及兽类等，共计超过 1000 份，以及植物腊叶标本和浸制标

本 200 余份。这些栩栩如生的标本，全方位地展现了清凉峰保护区生物多样性的丰富与壮丽，让每一位踏入此地的访客都能如同置身于大自然的怀抱，深切体会到自然保护区的生物多样性之美。

图 3－8　清凉峰科技馆

相较于科技馆的静态展示，清凉峰生物多样性展厅（见图 3－9）则更加注重互动体验与深度探索。展厅巧妙划分为两大区块：左侧为野生动植物多功能媒体展示区，借助前沿的视频及图片展示技术，系统地揭示了清凉峰独特生态系统的奥秘，以及其中繁衍生息的动植物资源。此区域不仅让访客得以近距离接触并深入了解清凉峰的自然风貌，更在潜移默化中激发了他们对大自然的热爱与保护意识。右侧区块则集中展示了清凉峰沙盘模型及近年来清凉峰保护区取得的显著成就，通过沙盘模型直观地再现了清凉峰的地理环境与生态布

局，同时，结合科普宣传片的播放与丰富多彩的研学活动，为访客提供了一个集学习、交流与探索于一体的综合性平台。

图 3-9　生物多样性展厅

清凉峰科技馆与生物多样性展厅不仅是清凉峰保护区不可或缺的组成部分，更是推动科普教育普及、促进对外交流合作、提升公众环保意识的关键阵地。

三、办公设施的升级之旅

清凉峰保护区坐落于杭州市临安区，由龙塘山、顺溪坞和千顷塘三大区块组成，总面积 11252 公顷。这里不仅是华南梅花鹿、安吉小鲵等珍稀物种的栖息地，更是长三角地区重要的生态屏障。1998 年，

国务院批准其晋升为国家级自然保护区，清凉峰管理局的办公地址也随之落户于昌化镇枫树岭（现唐昌街 710 号）的 8300 厂区。这片厂区曾是“小三线”军工企业的旧址。20 世纪 90 年代，随着企业迁址嘉兴，厂房被无偿移交给地方政府。1999 年，原临安市政府将其划拨给清凉峰管理局，既解决了办公用房问题，也为保护区开辟了一条“以租养区”的生存之道。彼时的清凉峰管理局，面临基础设施薄弱、财政支持有限的困境，通过出租闲置厂房，每年获得的租金成为维系保护区运转的重要资金。这一权宜之计，既是对国有资产的盘活，也是对生态保护初心的坚守。

2017 年，为支持临安西部地区休闲旅游等产业发展，临安区委、区政府计划将 8300 厂区改造为休闲旅游综合体。清凉峰管理局积极响应，将除办公楼外的闲置房产无偿划转给区旅投公司。随着一期项目落成，二期工程于 2024 年启动，原有的办公楼、报告厅、科技馆等设施也被纳入开发范围。这意味着清凉峰管理局必须为机关办公场地寻找新家。

近年来，清凉峰保护区的科研需求与日俱增，对外交流合作日益频繁，8300 厂区作为办公场地的局限性逐渐显露。尽管它曾一度是清凉峰管理局的核心枢纽，但其地理位置相对偏僻、交通不便，以及基础设施的相对落后，日益与清凉峰保护区不断增长的办公需求和人员规模不相匹配。不仅如此，人才短缺问题逐渐凸显，清凉峰管理局急需吸引优秀人才为清凉峰保护区的发展注入源源不断的活力，而旧址对于引进人才十分不利。

得益于临安区委、区政府的关心重视，经过多部门联合踏勘，横

潭路 89 号被选定为新办公驻地。这里位于临安区锦城街道，交通便利，周边基础设施完善，与清凉峰保护区三大区块的距离适中，便于统筹管理。更重要的是，新址为清凉峰管理局提供了“量身定制”的升级空间。

根据规划，新办公楼将配备三大核心功能区。一是科研中心，占地 200 平方米，设置实验室、科技资料室，配备先进的监测设备，为华南梅花鹿种群研究、生态修复技术开发提供支撑；二是宣教馆，占地 190 平方米，通过互动展陈等方式，向公众传递生物多样性保护理念；三是数字化管理中心，占地 210 平方米，搭建智慧管理平台，整合红外相机监测、森林防火预警等系统，实现清凉峰保护区的“一屏掌控”。

此外，搬迁方案还兼顾了实用与节俭原则：原有办公设备随迁使用，不足部分优先从公物仓调配，仅需 10 万元购置必要物资；办公楼改造费用控制在 30 万元以内，由临安区机关事务服务中心负责实施；搬迁安装费用 20 万元，确保平稳过渡。

清凉峰管理局积极与临安区委、区政府沟通协调，郑重提交了搬迁申请，并得到了临安区委、区政府的大力支持。在搬迁过程中，清凉峰管理局始终坚守安全、节约、规范的原则，对新办公场地进行了精心设计与改造。同时，为确保搬迁工作的平稳有序推进，清凉峰管理局还精心策划了详尽的搬迁方案，涵盖了办公设备和数字化设备的搬迁安装、资产的采购与调配等多个环节，确保搬迁后的各项工作能够迅速步入正常轨道，并且在 2024 年 12 月 26 日正式迁入临安城区新址（见图 3－10）。

图 3－10　清凉峰管理局临安城区新址照片

第二节　创新举措

近年来，清凉峰保护区在科普教育和基础设施建设方面迈出了坚实的步伐。通过一系列创新举措，清凉峰保护区不仅强化了对生态资源的保护，还提升了公众对自然保护的认识和参与度，为绿水青山筑梦，为生态文明建设贡献力量。在探索自然与人类和谐共生的漫长旅程中，清凉峰保护区以其独特的地理位置和丰富的生态资源，成为了这一探索的重要窗口。

一、保护设施：生态屏障与科技赋能的立体防护

（一）保护站点基础设施

清凉峰管理局在生态保护与森林防火领域，通过体系化架构与科技手段的深度融合，构建了一套高效、智能的防护网络。以“管理局—保护站—保护点”三级管护体系为核心，清凉峰管理局统筹全局规划与科研监测，下设龙塘山、千顷塘等五大保护站，承担日常巡护、资源管理及应急响应任务；保护点与哨卡则分布于关键生态节点，形成“点线面”联动的立体防护格局。为进一步细化责任分工，管理局创新实施四级网格化管理，从局长到基层护林员逐级划定责任区域，确保每片山林都有专人专管。清凉峰管理局通过网格化管理和数字化手段，有效保护了清凉峰保护区内的生态环境，确保野生动植物安全。

（二）森林防火基础设施

在森林防火方面，清凉峰管理局采取“预防为主、科技赋能”的策略。生物防火林带建设累计达 47 千米，选用木荷、油茶等耐火树种，形成天然阻隔屏障，有效防范森林火灾的发生。同时，红外监测网络的覆盖成为防火体系的关键一环（红外相机见图 3－11），实时捕捉火源与非法入侵行为。此外，清凉峰管理局引入无人机巡航技术，单次飞行可覆盖 50 平方千米，结合地面巡护形成“空天地”一体化监测网络，大幅提高监控效率。

图 3－11　清凉峰红外相机

（三）梅花鹿项圈

在清凉峰保护区内，科研人员为华南梅花鹿佩戴了特制的野生动物追踪项圈（见图 3－12）。这一项圈利用北斗卫星定位系统，能够每三小时精准地获取一次梅花鹿的位置信息。借助铱星传输技术，这些数据得以及时发送至研究人员的终端设备，从而实现了对梅花鹿动态的实时监控。通过这些项圈，科研人员不仅能够精确绘制梅花鹿的活动轨迹，还能深入分析其行为模式，包括活动范围、栖息地选择以及种群间的互动等关键信息。这些数据对于制定科学的保护策略、优化栖息地管理以及推动种群的可持续发展具有不可替代的重要作用。

图 3－12　梅花鹿佩戴特制的野生动物追踪项圈

清凉峰保护区在保护设施上的创新举措，不仅强化了清凉峰保护区的防御壁垒，提升了保护效率，更为生态资源的可持续发展奠定了坚实的基础。综合保护设施体系的构建，不仅是对生态保护承诺的有力践行，更为同类保护区点亮了一盏明灯，提供了宝贵的经验与启示。

二、旅游设施：体验升级与生态保护的双向赋能

清凉峰管理局以“科技＋生态”为核心，打造沉浸式的旅游设施体系，推动生态价值向公众认知与经济效益的高效转化。

（一）沉浸式生态体验设施

清凉峰管理局通过场景化设计，将旅游设施与自然教育深度融合。2018 年建成的 LED 互动大屏，位于清凉峰保护区入口，可模拟 30 种鸟类鸣叫，游客扫码即可播放并同步获取物种图文资料。千顷塘区域的“梅花鹿观测站”配备高清摄像头与实时直播系统，游客参与保育捐赠后可通过手机端观看鹿群活动，并能募集到一定的保护资金。2021 年，浪广村建成“古道文化体验馆”，利用全息投影技术还原徽商茶马历史，延长游客停留时间，让游客更深入体验古道文化。

（二）乡村旅游兼顾安全与生态

清凉峰保护区周边浪广村在近年来大力发展乡村旅游，智慧化导览体系逐步完善，覆盖了主要旅游区域。2021 年，村里投入资金建设了一批自动解说牌，采用太阳能供电，游客扫码即可获取物种科普和护林故事。游步道的设计兼顾了安全与生态，主线路采用防腐木与青石板铺设，尽量避开梅花鹿的核心栖息地，支线则保留原始土路，限制每日游客量，以减少对植被的踩踏。

民宿产业也同步升级，浪广村的民宿数量不断增加，部分民宿安装了太阳能热水系统和雨水回收装置，提升了节能效率。这些举措不仅改善了游客的体验，也为当地的可持续发展作出了贡献。

三、道路建设：生态友好与科技赋能的交通革新

清凉峰管理局在道路建设中始终坚持生态优先理念并积极向上

争取道路建设。杭州市政府 2020 年启动的“颊口至华光潭公路改造工程”总投资 4 亿元，将原有四级砂石路升级为三级标准沥青公路，路宽拓展至 6.5 米，设计时速 30 千米。针对龙塘山段复杂地形（海拔 800 米以上），工程团队采用“桥隧结合”技术，架设 3 座高架桥（总长 1.2 千米）、开凿 1 条隧道（长 480 米），避免对核心保护区的直接切割。施工中严格限制爆破范围，采用低噪声机械，减少对野生动物的惊扰。边坡防护引入生态格栅与本地灌木固土技术，水土流失不断减少。

第三节　具体成效

清凉峰保护区在生态守护的征程上成效斐然，绘就出一幅生动的生态画卷。清凉峰保护区不仅通过拓宽巡护之路，构建起坚实的科技守护体系，更以璀璨的科普之光，照亮了公众对自然的认知之旅。同时，基建硕果累累，为生态治理与可持续发展奠定了坚实基础。

一、保护站点与森林防火：筑牢生态安全屏障

清凉峰管理局通过系统性保护设施与科技手段的深度融合，构建起“立体防御、智能管控”的生态安全体系，实现生态保护效率与物种生存质量的双重提升。

（一）层级化防护网络建设成效显著

以“管理局—保护站—保护点”为核心的二级管护架构覆盖全域，5个保护站、10处哨卡形成联防联控网络。2022年数据显示，哨卡年均拦截非法入区事件53起，盗猎案件几乎不再发生。龙塘山保护站通过公路优化巡查路线，巡护效率提升大半，红外相机记录到华南梅花鹿种群从不足100头增至350头，幼鹿存活率大大提高。核心栖息地生态干扰指数不断下降，物种多样性恢复至92种。

47千米生物防火林带构成天然火险屏障，耐火树种覆盖将近全覆盖，火势蔓延速度得到降低。2022年，红外监测网络预警火险隐患12起，全年未发生森林火灾，并已实现连续36年无重大森林火灾。

（二）科技赋能精准监测

300台红外相机组成的监测网络年均捕获野生动物影像超10万条，为科研提供翔实数据。龙塘山瞭望台热成像设备覆盖林区，2021年拦截游客违规用火23起。指挥中心集成卫星遥感、无人机及地面传感器数据，实现“一屏统管”，生态事件处置时效提升大半。四级网格化管理划定责任区458个，隐患整改率实现大幅突破。

二、道路建设：打通发展动脉，激活山乡经济

（一）交通网络优化促进产业振兴

道路升级后，颊口至浪广行车时间从30～40分钟缩短至20分

钟，日均车流量不断增长，物流效率提升大半，打通了山区与外界的“经济动脉”。交通条件的改善使山核桃、茶叶等特色农产品外销价格每年都在增长，并通过缩短运输时间降低了损耗率。此外，旅游大巴可直达景区核心区域，带动沿线农家乐、土特产商店等业态兴起，形成“公路经济带”，区域产业链条更加完善。

清凉峰保护区附近民宿数量大幅增加，旅游综合收入不断突破新高。民宿产业的规模化发展直接吸纳众多村民就业，涵盖客房服务、餐饮接待、生态导览等岗位。同时，民宿集群带动周边手工艺品制作、农产品加工等配套产业兴起，形成“一业兴、百业旺”的联动效应，社区人均收入三年内翻番，区域经济活力显著增强。

（二）生态友好技术实现绿色开发

桥隧结合技术减少一定的核心区生态切割面积，边坡防护工程使水土流失量下降，本地灌木成活率大大提高，实现“修路不毁绿”。施工中采用低噪声机械，野生动物活动频率远低于行业阈值，生态干扰可控。这些技术不仅保护了生物多样性，还延长了道路使用寿命，降低一定程度的后期维护成本，为同类山区道路建设提供了可复制的生态化解决方案。

三、旅游设施：生态价值转化与体验升级

（一）智慧化设施提升科普与互动体验

清凉峰保护区通过全域部署多个太阳能解说牌、生物多样性展

厅及梅花鹿观测站，实现科普教育深度渗透。智慧导览系统提升了游客的科普体验延长了游客停留时间，游客的科普知识接受率不断提升；展厅年均接待3万人次，互动展区参与率不断提高，成为长三角科普标杆。清凉峰保护区内的梅花鹿观测站利用实时直播技术，吸引了大量观众在线观看，显著增强了公众对梅花鹿保护的关注度。此外，清凉峰保护区通过多种渠道募集保育资金，用于支持保护和研究工作。

（二）社区经济与生态效益协同发展

在清凉峰保护区内，低碳设施与生态游步道的建设不仅促进了清凉峰的旅游业发展，还在周边村落产生了积极的连锁反应。浙川村位于清凉峰脚下，与安徽省绩溪县相邻，这里的海拔为650～670米，是清凉峰镇最西面的村庄之一。浙川村通过开发新的生态游步道，将村内的自然景观与文化资源串联起来，吸引了大量徒步爱好者和自然爱好者。近年来，浙川村在生态环境改善和旅游设施完善方面取得了显著成效，逐渐成为游客青睐的目的地。这种运营方式不仅提升了社区的经济水平，还促进了当地服务业和手工艺品制作等产业的兴起，形成了以生态旅游为核心的多元化经济结构。

低碳设施的推广和生态游步道的建设，使得清凉峰保护区内的社区发展与生态保护形成了良性互动。在浪广村，通过保育捐赠和研学活动，不仅提高了山核桃、茶叶等农产品的外销价格，还增强了居民的环保意识。例如，2022年7月，浙江农林大学“花叶虫影，科技惠农”暑期社会实践团来到浪广村，开展专项实践调研，助力

“三农”建设。此外，浪广村还通过科技特派员的帮扶，提高了蔬菜品质和产量。在银龙坞村，通过开展生态教育活动和推广可持续农业实践，村内的生态环境得到了显著改善。例如，银龙坞村通过产业结构调整，将用材林调整为经济林，引进茶叶种植大户，建立“林场+公司+合作社”的合作模式，以“林+茶”“茶+油”的种植方式打造示范亮点。形成了“生态保护—社区发展—经济增长”的协同模式。

第四章

体制机制创新

清凉峰管理局围绕平衡生态保护与经济发展、促进区域合作与协同治理，在组织建设、机制创新和体制完善方面采取了一系列举措：创立生态警务室，为野生动物筑起生存屏障，也为游客安全保驾护航；设立巡回法庭，既保护了生态环境，又彰显了法律威严；通过集体林租赁与人工林赎买，推进林地权益归属清晰，保障了双方的合法权益；网格化林长制的推行，更是将管理责任细化，显著提升了治理能力。

第一节　案例介绍

清凉峰管理局通过组织创新、机制创新和体制创新，有效提高了自然保护区管理水平；体制机制创新中贯穿人与自然和谐共生的理念。组织创新方面，创造性地设立生态警务室，强化巡护执法增强珍稀动植物保护能力，同时建立巡回法庭，创新司法管理提高法律监督水平；机制创新方面，开创性地实施了租赁赎买机制，优化资源配置；体制优化方面，构建了林长制管理体系，提高精细化管理，压实责任到个人。

一、生态警务室：执法组织的创新典范

清凉峰保护区因“驴友”擅闯及盗猎频发，野生动物安全受威胁，执法组织建设步伐随之加快。2016 年 11 月 19 日，浙皖交界的安

徽宁国一个偏远小山村居民王某在清凉峰保护区辖区内设置了陷阱，捕获了一只国家一级重点保护野生动物华南梅花鹿，并造成了梅花鹿的死亡。2016 年 11 月 24 日，王某因涉嫌非法猎捕国家珍稀濒危野生动物，被浙江森林公安带走接受进一步调查。王某的这一行为，无疑是对自然法则的漠视，更是对生命尊严的践踏。此事件再次提醒我们，保护野生动物，维护生态平衡，是每一个公民不可推卸的责任与使命。

2018 年初，时任临安区区长骆安全到清凉峰保护区调研后，提出要加强保护区管控力度、深入贯彻“绿水青山就是金山银山”的生态文明理念，骆安全同志产生了建立“生态警务室”的想法。2018 年 7 月 9 日，清凉峰管理局与临安区公安分局强强联手，汇聚治安、交警、森林警察以及狼行救援队等六大生态保护精锐力量，正式成立清凉峰生态警务室（见图 4 - 1）。这是临安区公安分局辖区派出所派驻保护区的首个警务工作室，由公安分局和清凉峰管理局共同领导，也是浙江省首家生态警务室。该警务室实行“一室六队五联”工作机制，内部设有指挥和视频巡查岗位，通过整合多方力量，开展常态联防、节点联勤、应急联动、部门联商、区域联管等工作，大大提高了清凉峰保护区生态保护的管理水平和保护效果。

清凉峰保护区生态警务室自成立以来，在区公安分局和清凉峰管理局的领导下，依据生态警务室的职责，积极开展工作，为保护区的社会治安稳定和野生动植物资源安全作出了积极贡献。围绕“生态保护齐抓共管”的目标，警务室明确了各自职责，规范运作，根据保护区的日常工作要求，有针对性地开展各项工作。

图 4－1　清凉峰保护区生态警务室

2022 年 11 月，清凉峰管理局根据《临安区“大综合一体化”行政执法改革推进“一支队伍管保护地”工作方案》要求，结合清凉峰保护区实际，通过力量整合、监管融合、执法综合、机制创新，实施“一支队伍管保护地”，建立“发现—交办—处置—修复”运行机制，构建“监测—巡查—监管—执法—修复”生态环境保护体系。清凉峰保护区“一支队伍管保护地”成员单位，由清凉峰管理局、昌化镇、龙岗镇、清凉峰镇和 13 个业务部门、行政执法部门组成。清凉峰保护区“一支队伍管保护地”分为 4 个小组：协调指挥组、巡查监管组、环境监测组、行政执法组。实行“发现—交办—处置—修复”全闭环管理。一支队伍管保护地工作机制成立以来，在保

护区千顷塘、顺溪坞等地多次开展了联合巡护执法活动，取得了很好的保护效果。

2024 年 5 月 27 日，生态警务室接到电话，称在昌化大桥南侧的昌化溪游步道上发现一只受伤的黄麂急需救援。清凉峰保护区工作人员即刻赶到现场，对受伤的黄麂进行了伤口检查和包扎，并在确认其具备野外生存能力后，将其安全放生（见图 4－2）。由此可见，生态警务室的设立，不仅仅是一个机构的建立，更是一种理念的传递与实践。它告诉我们，人与自然是和谐共生的命运共同体，只有当我们用心去倾听大自然的声音，用行动去守护每一个生命，才能真正实现生态的平衡与和谐。

图 4－2　清凉峰管理局生态警务室救助受伤黄麂

二、巡回法庭：司法组织的创新标杆

清凉峰管理局不仅致力于提升司法组织的效能与公信力，更在创新之路上不断迈出新步伐，探索新方法，以适应时代的变化和社会的发展需求。由清凉峰管理局和临安区人民法院共同设立的清凉峰保护区巡回法庭（见图4－3），将人民调解的人情温暖与法院审判的权威力量完美融合，既彰显了人文关怀，又体现了法律尊严，有效强化了保护区的生态保护力度，为构建和谐社会、守护绿水青山贡献了一份不可或缺的力量。

图4－3　清凉峰保护区巡回法庭

法律构筑了一套清晰而明确的法律框架与规范体系，为各项保护措施的施行铺设了坚实的法律基石，确保每一步行动皆有法可依，

有章可循。如《中华人民共和国自然保护区条例》与《中华人民共和国野生植物保护条例》等法律法规，宛如生态保护领域的双翼，不仅细致入微地界定了保护区的管理职责，还明确列出了具体的保护措施，并辅以严格的处罚机制，为清凉峰保护区的管理者与执法者提供了强有力的法律支撑，使他们在守护绿水青山的征途上，能够勇往直前。

清凉峰巡回法庭高度重视生态环境保护工作，对任何违反相关法律法规的行为均严格按照法律法规给予惩处。2017 年 1 月，被告人卢某某在未经林业主管部门审批和办理采伐许可证的情况下，在清凉峰保护区范围内的 3 处山上，砍伐杉木 82 株，共计立木材积 21.07 立方米，涉及破坏面积约 1396 平方米。

法院经审理认为，卢某某的行为已构成滥伐林木罪。同时，其行为对生态环境造成破坏，公益诉讼起诉人要求卢某某补种树木以恢复生态功能的诉讼请求符合法律规定，予以支持。据此，以滥伐林木罪，判处被告人卢某某拘役 4 个月，缓刑 10 个月，并处罚金人民币 1000 元；并判令卢某某在清凉峰保护区千顷塘至三转洞防火线上，按行间距 2.5 米 ×2.5 米的密度补种红花油茶 223 株。

此案作为浙江省首例刑事附带民事公益诉讼案件，具有里程碑式的意义，是法院、检察院两家在推进刑事附带民事公益诉讼上的一次有益探索。该案在植树节前夕于清凉峰保护区巡回法庭开庭审理，并邀请了代表委员和当地群众旁听庭审。通过法庭的庄严审理，当庭判决被告人卢某某在承担刑事责任的同时，还需承担补植复绿的民事责任，这一判决不仅取得了良好的法治宣传效果，更起到了深刻的警示教育作用，让公众深刻认识到保护生态环境的重要性。

三、租赁赎买机制：资源管理的创新方案

清凉峰保护区为优化林场资源配置，开创性地实施了租赁赎买机制。2004 年，清凉峰镇林场被该镇通过公开投标的形式将经营权转让给杭州临安桃源绿色食品有限公司（生态农庄）。然而，林场所处地理位置特殊，个人和集体林地所有权的复杂交织，使得产权归属难以明确，进而导致管理责任无法清晰界定。这种状况极大地增加了管理协调的成本，使得清凉峰保护区的日常运营面临诸多挑战。同时，林地所有权的混乱还导致了火源管理的难度增大，防火责任难以划分，进一步加剧了清凉峰保护区管理的复杂性，也引发了诸多社区内部的矛盾与纷争。此外，林农对人工林的肆意砍伐，不仅严重破坏了珍贵的生态资源，从长远角度来看，还使经济利益遭受了难以估量的损失。

为践行“利益共享”的核心理念，并彻底地解决这些历史遗留难题，清凉峰保护区在临安区政府的大力支持下，对清凉峰保护区范围内的清凉峰镇林场经营权及其相关资产，采取了租赁与赎买的双重策略，从而彻底理顺了保护机制。

集体林租赁机制，简而言之，即农村集体经济组织将集体林地的使用权，以租赁的形式赋予个人或组织，而承租人则需支付相应租金，以此换取林地的合法使用权。这一机制如同一股清泉，不仅盘活了沉寂已久的集体资产，更为承租人提供了发展林业经济、实现自身价值的宝贵机会，真正实现了双赢。

为确保工作扎实有效推进，清凉峰保护区的工作人员积极提升

服务意识，深入基层，广泛开展宣传动员，赢得了林农的广泛支持与响应。2011 年 10 月，清凉峰管理局隆重召开集体林租赁工作动员大会，并精心编制了《清凉峰国家级自然保护区核心区、缓冲区集体林租赁实施方案》。清凉峰保护区总面积为 168780 亩，分为核心区、缓冲区和实验区。集体林租赁工作起初先在核心区和缓冲区实施，后在实验区实施，共涉及临安区昌化镇、龙岗镇和清凉峰镇 3 个镇的 15 个行政村以及昌化镇林场和马啸乡林场 2 个林场，前后两个阶段合计租赁面积高达 115677 亩，租赁资金共计 223 万元。这一系列数据背后，体现了清凉峰保护区对生态保护工作的执着追求与不懈努力。

在森林生态效益补偿机制的不断完善中，清凉峰管理局与集体林事权单位签订的租赁合同成为了关键一环。临安区林业局严格按照省里规定的统一补助标准，根据租赁合同所核定的租赁面积，对省级以上森林类自然保护区集体林租赁资金进行拨付。值得注意的是，补偿资金标准并非一成不变，分别在 2013 年、2018 年、2023 年历经 3 次提升（见表 4－1）。补偿标准的不断提高，体现了政府对生态保护工作的持续投入与坚定决心。每一次提升，都如同一股暖流，滋润着保护区内的每一寸土地，激发着林农保护生态的积极性。

表 4－1　省级以上森林类自然保护区集体林租赁补偿标准　单位：元/亩

项目	2011 年	2018 年	2023 年
集体林租赁资金补偿标准	33.2	48.2	55
其中：损失性补助（偿）	29.2	43.2	50
公共管护费、公共管理费用	4	5	5
公益林损失性补偿资金	19	35	46.2
公共管护费、公共管理费用		5	5

资料来源：临安区林业局、财政局文件。

清凉峰管理局在人工林赎买过程中发挥了巨大的作用。首先，清凉峰管理局对集体林进行资产收储。早在2004年1月6日，清凉峰镇企业管理办公室为深入挖掘资源潜力，推动清凉峰镇经济发展，决定将清凉峰镇林场（原名洲头乡林场，历经洲头乡撤并至颊口镇更名为颊口林场，后再次合并至清凉峰镇后更名为清凉峰镇林场）的经营权以公开投标方式转让，杭州临安桃源绿色食品有限公司（生态农庄）成功中标，转让期限为50年，自2004年1月1日至2053年12月31日。

时光荏苒，转眼到了7年后的2011年11月，杭州临安桃源绿色食品有限公司（生态农庄）作出了一个明智的选择，将473亩位于核心区和缓冲区的集体林租赁给了清凉峰管理局。两年后，即2013年9月该公司再次展现其大局观，将755亩实验区的集体林也租赁给了清凉峰管理局。这一系列举措，展现了民营企业对生态保护的责任与担当，也为清凉峰保护区的统一管理与开发奠定了坚实基础。

为进一步强化清凉峰保护区的工作效能，实现资源的统一高效管理，2011年8月29日，清凉峰管理局向临安市政府（现为临安区政府）递交了一份沉甸甸的报告，请求批准收购清凉峰镇林场经营权及杭州临安桃源绿色食品有限公司（生态农庄）在保护区范围内的其他资产。仅仅两天后，8月31日，清凉峰管理局便收到了临安市政府（现为临安区政府）的批复，同意了这一请求。2013年12月，清凉峰管理局与杭州临安桃源绿色食品有限公司（生态农庄）正式达成协议，以180万元的补偿价完成了资产收购。

其次，清凉峰管理局对个人所有权林木资产进行赎买，即人工林

赎买。人工林赎买政策，是政府或相关机构在生态功能至关重要的区域内，通过回购或购买的手段，将个人或集体手中的人工种植商业林木的所有权或使用权转移至公共管理机构名下，旨在实现生态保护和生态修复的双重目标。这一创新措施巧妙地平衡了生态保护与林农利益之间的微妙关系，通过给予林农合理的经济补偿，鼓励他们在不砍伐林木的前提下获得经济收益，从而在保护森林生态功能的同时，也促进了生态环境的持续改善。

1998 年，当清凉峰保护区晋升为国家级自然保护区时，一场关于生态保护与经济发展的深刻变革悄然拉开序幕。昌化镇后葛村（由良源村、二村合并而成）的大部分集体山林，包括那些承载着村民辛勤汗水的人工杉木基地林，被纳入了保护区的范围。对于良源村而言，集体经济本就薄弱，为了寻求新的发展契机，该村在 2002 年与 2006 年，将清凉峰保护区内的部分杉木基地林进行林木经营权流转。而原二村村西坞的杉木基地林，早在 20 世纪 90 年代初便已分山到户，这些林地，当时都未被界定为生态公益林。时光荏苒，至 2016 年，这些杉木林已步入成熟之秋，本是收获的季节，却受到《中华人民共和国森林法》《中华人民共和国自然保护区条例》等法律法规的严令禁止，这无疑给那些前期流转林木经营权的个人带来了沉重的打击。为此，清凉峰管理局积极调研，多次通过市人大、政协、信访等渠道积极向上争取政策和资金，力求解决这一困境（见图 4 –4）。为了维护林权所有者合法权益，完善公益林管理分类补偿制度，使清凉峰保护区主要保护对象华南梅花鹿种群及其栖息地得到更好的保护，促进保护区事业的健康发展和林区稳定。临安区委、区政府多次召开相关部门协调会，确定了先评估后确定赎买方式的意见。

图 4-4　浙江省林业局副局长陆献峰调研集体林租赁情况

清凉峰管理局根据这一意见与林业局会商并确定一家具备一定资质和权威的评估公司，在 2016 年 5 月 5 日花费 10 万元对包括徐法土、后葛村西坞组和郑卫东在内的三块林地进行了非常翔实的林业资源评估，对这些主体所占有的 1054 亩林木资产进行了赎买，分别给予 150 万元、149 万元和 151 万元的转让价格。

然而，考虑到这些林地在 2016 年尚不具备砍伐条件，加之管理的需要，清凉峰管理局提出了一个既兼顾现实又着眼未来的建议：一方面，清凉峰管理局将积极争取砍伐政策的许可，力求在 3～5 年内获得砍伐许可；另一方面，若该地块获得国家林业局的批准，允许砍

伐，那么林地的经营所有权方将有权分享部分收益，同时也需承担相应风险，具体方案为，实际收入若超出当前估价，临安财政与农户将各得 50%，若出现贬值，双方则同等承担 50% 的损失。平日里，林木的管理与抚育工作由现有农户负责，这不仅有利于林木的生长，也有助于日常管理的精细化。最终，清凉峰管理局承诺，应付给农户的林木资产受让款分三期付清。对郑卫东承诺在 2016 年底、2017 年底、2018 年底，分别拨付总价的 70%、15%、15%；对后葛村西坞组承诺在 2016 年底、2017 年底、2018 年底，分别拨付总价的 40%、40%、20%；对徐法土承诺在 2016 年底、2017 年底、2018 年底，分别拨付总价的 40%、40%、20%，为村民们送去了实实在在的保障与希望。

最后，清凉峰管理局对竹林经营权进行赎买。2020 年 6 月，廖红卫将个人名下被划入清凉峰保护区及缓冲区的 1785 亩集体山林（包括其上的森林、林木与林地）使用权租赁给了清凉峰管理局，由清凉峰管理局进行专业管理。租赁期限自 2020 年 9 月 1 日延展至 2050 年 12 月 31 日，一次性补偿 80 万元，同样遵循省级统一调整原则。廖红卫在履行合同义务的同时，清凉峰管理局也聘请他为保护区护林员，这更彰显了个人与集体在生态保护上的协同合作。

这些实践案例印证了生态保护与经济发展能够协同共进的客观规律。在这背后，清凉峰管理局展现了非凡的智慧与远见。在清凉峰管理局的精心规划与管理下，不仅为清凉峰保护区注入了丰富的生态资源，更为当地社区带来了持续稳定的经济收益，实现了生态保护与经济发展的完美融合。

这一系列的举措，不仅体现了清凉峰管理局在生态保护与经济发展之间寻求平衡的智慧与决心，也彰显了政府对于民生问题的深切关怀与积极应对。在生态保护的大旗下，每一方利益都得到了应有的尊重与保护，共同绘就了一幅人与自然和谐共生的美好画卷。

四、林长制：林业管理的体制创新

在清凉峰保护区内，山林资源多头共管，权属界限模糊不清，这无疑降低了管理效率，使得管理漏洞频现。由于林农的生产活动在此并未受到严格限制，森林防火工作面临着前所未有的压力。一旦管理疏忽，火灾便可能肆虐山林，对这片珍贵的生态宝地构成严重威胁。

面对如此艰巨的管理考验，清凉峰管理局勇于担当，积极推行体制革新，精心构建了林长制管理体系。这一体系具体展现为“局长管全区、副局长管片区、片区负责人管辖区、护林员包山头”的四级网格化精细管理模式。清凉峰管理局领导身先士卒，带队开展巡林护林行动（见图4－5），以强有力的执行力推动清凉峰保护区林长制工作扎实落地，成效显著。

清凉峰管理局坚守公开透明的原则，定期向公众发布森林资源保护管理的最新信息，确保大众能实时掌握保护工作的进展。在林区的显著位置，林长公示牌巍然挺立，上面详尽地列出了林长的职责范围、区域内森林资源的基本概况、既定的工作目标以及监督举报电话，以开放的姿态诚邀公众监督。同时，清凉峰管理局充分利用电视、广播、网络等多种媒体渠道，加大对林长制的宣传力度，营造出

积极向上的舆论氛围，显著提高了公众的知晓程度、认同感和参与热情，为森林资源保护构建了坚实的群众基础。

图 4－5 清凉峰保护区总林长带队巡护

在总林长的有力领导下，清凉峰管理局各科室与保护站紧密协作，各司其职，协同推进，依法承担起森林资源保护和管理的崇高使命。2017 年春季，松材线虫病普查工作全面铺开，首次在清凉峰保护区内发现了疑似由松材线虫病导致的枯死松木。经杭州市临安区森防站的权威鉴定，确认这些枯死松木共计 75 棵，分布在 9 个小班，总面积达 2935 亩。面对突如其来的疫情，清凉峰管理局迅速响应，依据国家林业局办公室的相关文件精神，制定了《浙江清凉峰国家级自然保护区松材线虫病除治和疫木清理监管实施方案》。该方案经过专家论证后，于 2018 年 3 月正式启动疫木清理工作。从 2020 ~

2025 年初，共处理了约 1700 棵疫树，全部按照要求运至定点疫木处理企业进行无害化处理。对于地形复杂、山势险峻区域的疫木，清凉峰管理局采取了整棵就地打包的特殊处理措施。此外，清凉峰管理局还创新性地引入了无人机搭载多光谱镜头的监测系统，以求提高监测的准确率和时效性；实施了松木树干注药、松墨天牛诱捕等防治手段，有效遏制了松墨天牛的种群扩散。松材线虫病的防治工作取得了显著成效。

清凉峰管理局始终将森林消防工作视为林区的头等大事，坚持林长负责制，层层压实防火主体责任，实行党政同责、一岗双责、齐抓共管、失职必究的管理机制。清凉峰管理局多次召开林长制工作会议和森林消防专题会议，对森林消防工作进行周密部署。局领导亲自挂帅，组织资源保护科、社区管理科、保护站等相关部门人员在清明节等重要节假日驻点值守，狠抓工作落实。清凉峰管理局始终坚持预防为主、防灭结合的方针，全力构建森林防火的安全屏障，为林区的安全稳定保驾护航。

为加强林长制的考核管理，清凉峰管理局建立了一套科学合理的考核指标体系，将各级责任主体的履职情况作为奖惩和任用的重要依据。对于在工作中表现突出、成绩显著的林长及责任单位，清凉峰管理局给予通报表扬，并颁发相应的物质和精神奖励；对于失职渎职、造成严重后果的，严格按照相关规定进行严肃追责问责。2022 年 3 月，清凉峰管理局依据相关法律法规和政策文件精神，制定了《浙江清凉峰国家级自然保护区护林员管理办法》和《浙江清凉峰国家级自然保护区护林员考核办法（试行）》，进一步规范了护林员的

管理和考核流程。

第二节　创新举措

一、建成生态警务室，运行“一室五联六队”模式

清凉峰保护区坚持执法组织创新，全面织密保护区、镇、行政村三级保护网络体系，清晰界定各级单位职责范围，创新实施护林联防考核机制与奖惩制度，有效凝聚了保护监管工作的强大合力。在此基础上，清凉峰保护区率先建成了全省首个生态警务室，并成功运行“一室引领、五方联动、六队响应”的生态警务联动模式。依托区110应急联动平台的强大功能，积极开展行政执法行动与突发事件应急联动处置，有效打破了清凉峰保护区孤军奋战的局面，显著提升了保护管理工作的时效性。同时，清凉峰保护区积极与安徽清凉峰国家级自然保护区开展深入交流与合作，不断深化浙皖两地联防联控保护网络，协同推进联合巡护执法活动，共同营造齐抓共管的良好氛围，为清凉峰的自然生态提供了坚实的保护屏障，携手书写生态保护新篇章。

二、成立巡回法庭，筑起“法治保护”网

为了更加高效地守护清凉峰地区的自然生态，并进一步完善当

地的司法组织架构，创新设立了清凉峰保护区巡回法庭，专门肩负起该区域法律事务的裁决与环境治理的重任。法庭通过整合多方力量，形成了一套高效的“监测—巡查—监管—执法—修复”治理闭环。这一创新机制有效破解了以往存在的多头管理、职责不清、履职不实等难题，极大地提升了保护地管理的整体效能。

在此基础上，清凉峰管理局还积极开展了自然保护地部门的联合巡查行动，针对捕猎、销售、食用野生保护动物等违法行为，组织了多次联合执法检查活动。这些活动不仅加大了对违法行为的打击力度，还通过多方协作，共同筑起了一张严密的“法制保护”网，为清凉峰地区的生态安全提供了有力的法律保障。

三、争取集体林租赁，落实共富新举措

在浙江省林业局的大力扶持下，清凉峰保护区勇于探索，创新性地开拓了租赁赎买机制，并积极争取，成为浙江省保护区集体林租赁改革的先行试点单位。秉承“权属明晰、利益共享、依法依规管理”的核心理念，清凉峰保护区与周边镇、行政村签订了详尽的集体山林四至协议，明确界定了保护区的界限与权属，由清凉峰管理局统一行使管理职权。

值得注意的是，尽管租赁范围主要集中在集体统管山，但由于历史遗留问题，村与村之间的插花山现象较为普遍，从而使得在册面积与实际四至范围存在一定的偏差。为避免在租赁工作中因处理不当而引发社会矛盾，影响林区的和谐稳定，清凉峰管理局高度重视插花

山的调查工作。为此，清凉峰管理局组织相关村庄，并在属地镇林业工作站的紧密配合下，对插花山进行了重新读图与精确计算，以确保租赁面积的准确无误。

四、实施四级网格化管理，重塑科学保护体系

完善清凉峰保护区全区域的管理体制创新，以“局长管全区、副局长管片区、片区负责人管辖区、护林员包山头”的四级网格化管理体系为基础，由局班子领导担任总林长和副总林长，下设6个区域林长，层层压实各层级林长责任。实现青山有人管，责任有人担。积极探索建立符合清凉峰保护区实际的跨部门、跨领域、跨层级的自然保护区整体监管执法新场景，进一步破解自然保护区多头领导、多头管理、条块分割的困境，完善形成“巡查—监管—执法”保护体系，切实提升清凉峰保护区整体管理水平。

第三节　具体成效

一、巡护执法积极到位，生态保护成效显著

清凉峰保护区生态警务室一系列巡护执法举措，不仅彰显了其高度的责任感与使命感，更体现了生态保护工作的复杂性与艰巨性。在人与自然和谐共生的道路上，我们需要的正是这样一群默默无闻、

甘于奉献的守护者，他们用实际行动诠释了生态保护的真谛，为构建美丽中国贡献了自己的力量。

回顾过去，清凉峰保护区的联勤联动机制成效显著。依托生态警务室这一平台，充分发挥其组织协调的职能，强化了联勤联动工作。2018～2024年，清凉峰管理局精心组织了13次由治安、清凉峰保护区内保队、环保执法队、狼行救援队等多部门共同参与的联合执法巡护大型活动，累计出动人员300余人次，凭借其对热门路线和险要点位的熟悉，成功劝阻“驴友”900余人次，并发放了300余份劝告书。通过这些联合行动，不仅有效震慑了擅闯保护区的“驴友”，还为应对突发事件和开展应急救援积累了宝贵的经验。针对千顷塘保护区道场坪区块防火线越野车泛滥的问题，警务室迅速联合交警、治安、保护区内保队等部门，开展了两次专项执法行动，共查扣非法改装车12辆，并依据保护区管理条例对15人进行了处罚，有效遏制了该区域越野车泛滥的势头。

在节点联勤、常态联防的坚实壁垒中，生态警务室犹如忠诚的卫士，积极参与保护区的日常野外巡护与网络视频巡查，分别以高达891次的野外巡护和超过930次的视频巡查，织就了一张严密的保护网。他们现场劝阻擅闯的“驴友”与溯溪游客累计达2万余人次，有效地遏制了非法入侵行为，保护了自然生态的宁静与和谐。

在千顷塘童玉卡点，警务室成功劝阻了698辆次外来大巴车闯入保护区，守住了生态保护的第一道防线。针对“驴友”双休日、节假日出行的特点及季节性区域活动规律，警务室并未止步于被动防守，而是主动出击，制定了针对性的治理方案，并与保护区内保队携

手联动，累计实施了150余次高效协同的行动，展现出了生态保护的智慧与决心。

尤为值得一提的是，警务室通过细致走访与多方搜集信息，建立起了一套重点人员和户外团队的监督跟踪机制，这一机制犹如精准的雷达，锁定了潜在的风险点。在此基础上，他们通过电话与网络，劝阻了94个户外团队的活动，有效避免了可能对保护区造成的破坏与干扰。

在应急联动方面，警务室展现出了出色的应急响应能力。截至2024年底，警务室已在保护区内成功开展了20次野外救援行动，成功搜救38人。春节期间，多名游客为观赏冰雪美景而被困百丈岭、浙西天池等地。清凉峰生态警务室的民警迅速联动狼行救援队和镇村干部，彻夜展开救援行动，最终成功将被困游客救出，所幸被困游客均无大碍。通过专业的救援技能和高效的救援机制，清凉峰生态警务室为游客提供了坚实的安全保障。

在区域联管方面，警务室积极配合清凉峰管理局与安徽清凉峰保护区、安徽警方开展联合执法巡护活动，共计10余次。同时，配合保护科依据保护区管理条例对41名“驴友”进行了行政处罚。在清凉峰保护区内，警务室成功制止了60余次擅自野外用火行为，清理收缴了300余件非法狩猎工具，发放和张贴了2万余份宣传资料和书面通知。此外，还移交了5起案件线索，立刑事案件3起，参与救护野生动物200余只，并制止了100余架次的无人机乱飞事件。2021年7月21日，一只野生梅花鹿不慎跌入华光潭水库，被水流带至龙岗茆里电站水渠中，四肢严重受伤无法动弹。接到报警后，昌化派出所清凉峰生态警务室迅速联动清凉峰管理局启动应急处置救援机制。救援人员到达现场后，发现梅花鹿被困在8米深的电站水渠中，全身湿透且无法行动。为确保梅花鹿安全，救援人员果断使用麻醉剂将其麻醉后运至地面，并送往清凉峰管理局进行救治。

清凉峰保护区在生态保护与执法组织领域的不懈努力与卓越成就，得到了上级部门和社区村民的广泛认可与高度评价。这一年，清凉峰生态警务室凭借其在维护生态安全、打击违法犯罪行为、保障公众安全以及积极参与应急救援等多方面的出色表现，成功荣获了由浙江省公安厅颁发的“三能榜样·最美警队”称号（见图4-6）。这一荣誉不仅是对清凉峰保护区生态警务室全体成员辛勤付出与无私奉献的肯定，更是对其在守护绿水青山、推动生态文明建设中所发挥的积极作用的高度认可。

03 “三能榜样·最美警队”

杭州市公安局上城区分局环食药大队

杭州市公安局滨江区分局基层基础管理大队

杭州市公安局萧山区分局新街派出所

杭州市公安局余杭区分局出入境管理大队

杭州市临平区拘留所

杭州市公安局临安区分局昌化派出所清凉峰自然保护区生态警务室

建德市公安局梅城派出所

桐庐县公安局瑶琳派出所

图4-6　2023年度“三能榜样·最美浙警”系列推选宣传活动获奖名单

二、法律根基日益坚实，司法保护落到实处

清凉峰保护区巡回法庭在清凉峰保护区内的生态环境保护方面发挥了专业的司法组织作用，精心选派法官，定期开展一系列司法服务工作，包括普法宣传、法律咨询、诉前调解、网上立案以及巡回审判等，有力强化了生态环境的司法保障效能。这些举措不仅将司法服务深度延伸至基层，极大地便利了当事人进行诉讼，有效降低了他们的诉讼成本，还促进了矛盾纠纷的及时、有效解决。

巡回法庭始终秉持“调解优先、调判结合”的原则，灵活运用法律、道德、人情等多种手段进行多元化调解，以理服人，以情感人，全力推动双方和解。同时，巡回法庭对于涉及生态保护的案件能够迅速响应，及时进行处理，确保违法行为得到应有的惩处，有效防止了生态环境遭受进一步破坏。这一系列举措不仅彰显了法律的威严，也为清凉峰保护区的生态环境注入了坚实的司法保障力量。

三、租赁机制持续革新，各方权益得到保障

清凉峰保护区创新租赁机制，为保护区与周边社区之间建立和谐互促关系提供了坚实的制度基础。2012 年，清凉峰保护区在全省范围内迈出了先行先试的重要一步，率先完成了核心区与缓冲区的集体林租赁工作，这一里程碑式的成就为后续深化改革奠定了坚实的基础。紧接着，在 2013 年，清凉峰保护区持续发力，顺利推进并

圆满完成了实验区的集体林租赁任务，两年间，租赁面积累计达到了115677亩，彰显了清凉峰保护区在推进集体林租赁工作上的决心与成效。

面对清凉峰保护区周边社区社会经济相对落后、地理位置偏远的现状，以及自然保护区法规和政策对山林经营活动的严格限制，清凉峰保护区采取了租赁这一创新方式，旨在提高生态补偿标准，缓解保护区与社区发展之间的矛盾。具体而言，核心区和缓冲区的山林禁止生产经营，实验区也仅允许进行适度经营，而原生态公益林的补偿标准相对较低，这无疑损害了林权所有者的合法权益。通过租赁集体林，保护区不仅提高了生态补偿标准，还壮大了集体经济，有效缓解了这一矛盾，切实保障了林权所有者的合法权益。例如，与清凉峰保护区接壤的浙川村、后葛村借助集体林租赁，发展了村集体的经济：2024年浙川村年集体经济收入190万元，其中集体林租赁资金74万元；2023年后葛村经营性收入达到104万元，村集体收入突破了300万元大关，成为名副其实的“先进村”“示范村”。

在租赁金的使用上，清凉峰保护区与周边社区共同制定了严格的租赁实施方案，确保租赁金能够合理、公平地分配给每个村民。这一举措不仅让村民得到了实实在在的实惠，还促进了社区的和谐稳定，为保护区的可持续发展奠定了良好的社会基础。

四、管理体系持续优化，运作效能有效提升

清凉峰管理局健全完善责任分区管理制度，将森林管护责任压

实到个人，极大地提升了保护区整体管理水平。清凉峰管理局设立总林长和副总林长 4 人、片区林长 6 人、护林员 28 人，2024 年 1 ~ 10 月，巡林总里程达 10000 余千米，劝离非法进入保护区人员 600 余人，制止非法野外用火 6 起，发现疫木 143 株，全方位确保森林防火和生态保护工作无隐患、无漏洞、无死角，有力保障了保护区自然资源和生态环境安全。

2022 年以来，清凉峰管理局以高度的责任感和使命感，组织各级林长开展专项巡林督查达 300 余次，全方位、无死角地确保森林防火和生态保护工作万无一失，真正做到了隐患必除、漏洞必堵、死角必清。通过 10 余次林长制专题工作会议的召开，清凉峰管理局统筹兼顾、科学调配护林员管控力量，使得清凉峰保护区始终保持着零火情火警的骄人纪录。此外，80 余次的社区联防联动、30 余次的生态警务联动以及 10 余次的浙皖联合保护行动（见图 4 – 7），更是将违规人员 400 余人成功劝阻和制止，对 40 余人进行了行政处理，彰显了生态保护工作的严肃性和权威性。

如今，走进清凉峰保护区，护林员的巡护身影与“鹰眼”探头的智能监控相辅相成，共同守护着这片绿色家园。这些矗立在山头的“鹰眼”探头，如同生态保护的千里眼，实时监测野外用火、乱砍滥伐、侵占林地等违法行为，与生态警务室紧密配合，实现了数字化一体监管，让生态保护工作更加精准高效。截至 2024 年底，清凉峰保护区已建成野外视频监控前端 32 个、森林消防智能语音播放器 22 套、巡护监测无人机 2 架、护林员巡护系统 1 套，构建起了一张立体化的生态保护网络。

图 4－7　浙皖两地清凉峰保护区联合巡护执法

这一系列举措和成果，不仅体现了清凉峰管理局对生态保护工作的高度重视和坚定决心，更彰显了人与自然和谐共生的美好愿景。在生态保护的道路上，需要的正是这样一份执着与坚守，只有这样，才能共同守护好这片绿水青山，让地球家园更加美丽宜居。

第五章

生态资源保护

清凉峰保护区拥有丰富的生物多样性资源。植物资源方面，保护区内共分布高等植物 2461 种（含栽培植物 181 种），包括苔藓植物（63 科 145 属 343 种）、蕨类植物（34 科 71 属 177 种）和种子植物（165 科 843 属 1936 种）；其中，国家重点保护植物 51 种，包括国家一级保护野生植物 5 种、二级保护野生植物 46 种。在野生动物资源方面，据统计，区内脊椎动物达 369 种，分属 35 个目、103 科，包括：鱼类（6 目 15 科 56 种）、两栖类（2 目 9 科 28 种）、爬行类（3 目 10 科 41 种）、鸟类（16 目 51 科 194 种）和兽类（8 目 18 科 50 种）；此外，无脊椎动物同样多样，包括蜘蛛类（27 科 136 种）和昆虫类（33 目 279 科 2706 种）；其中，国家重点保护动物共计 73 种，包括国家一级保护野生动物 15 种、二级保护野生动物 58 种。物种基因库保存完好。

清凉峰保护区以全面深入的措施，成功维护了生物多样性，实现了珍稀濒危野生动植物种群的恢复性增长。同时，依托科研合作与数字化科普展示平台，不断提升生态保护的科学性与实效性，为国内外生态资源保护提供了宝贵经验与示范。

第一节　案例介绍

清凉峰保护区（全景图见图 5－1）作为我国东南沿海重要的生物多样性热点区域，具有不可替代的生态价值。其核心保护对象涵盖华南梅花鹿、安吉小鲵等旗舰物种，以及银缕梅、象鼻兰等珍稀植

物，同时保存着完整的亚热带常绿阔叶林生态系统。通过实施生态修复工程与科学监测体系，该区域植被覆盖度大幅提升，濒危物种种群数量实现恢复性增长，成功实现从原林业生产基地向国家级自然保护区的功能转型，成为生态文明建设的示范案例。

图 5－1　清凉峰保护区全景图

一、华南梅花鹿：清凉峰下的幽谷鹿鸣

梅花鹿，体型中等，体长一般在 140 ~ 150 厘米以上，尾短小。耳直立，颈较长，四肢细长。雄鹿有角，雌鹿无角，角通常有 3 ~ 4 叉。夏毛棕栗色，黑色的背中线两侧有数行不规整的白色斑点，下颌白色，尾侧和尾下均为白色。冬毛稠密，有绒毛，体侧白斑不明显。喜栖于树林或森林下茂密的下层植被中，尤喜林缘、草甸、山崖、溪流的生境，但在开旷草地觅食。食性广，以苔藓、青草、嫩芽、树叶、果实等为食。一般晨昏活动，性机警，多隐蔽，行动轻快、迅

速。嗅觉和听觉灵敏。群居性，平时雌雄鹿与幼鹿集群，雄鹿独居，繁殖季节与雌鹿合群。梅花鹿群如图 5－2 所示。

图 5－2　清凉峰保护区梅花鹿群

（一）华南梅花鹿生存边缘的悲鸣

梅花鹿在山林深处面临生存危机，其家园曾绿意盎然，却因过度砍伐、污染和生态破坏变得满目疮痍。树木大片倒下，溪流浑浊不堪，鱼虾绝迹，水草枯萎。食物稀缺，草地荒芜，梅花鹿四处奔波寻找枯草野果，常食不果腹。更令人揪心的是，人类猎杀威胁着它们的生命，猎枪声中，梅花鹿惊恐挣扎，生命消逝这片土地见证了它们的无助与绝望，华南梅花鹿的生存状况岌岌可危。

（二）林间仙踪：梅花鹿的优雅降临

在生态环境面临危机之际，以时任临安县县长张建华为代表的县政府果断颁布禁令，全面禁止烧炭和龙塘山区域采伐，为清凉峰保

护区指明发展方向，树立了生态保护史上的里程碑。此后，该区域启动自然恢复进程。树木种群逐渐复苏，实现快速生长与繁衍。同时，河流系统也得到显著改善，水质提升，为生态系统提供必要水分，净化环境污染物，为整体恢复创造了有利条件。

正是清凉峰保护区环境的改善，竟悄然跃入了一抹灵动的身影——华南梅花鹿。它们如从天而降的仙子，带着优雅与神秘，在这片葱郁的山林间翩翩起舞。这或许正是清凉峰保护区那片优质土地的馈赠，它为梅花鹿打造出了一方绝美的生存家园。

清凉峰保护区属于亚热带季风区海洋性气候，这里气候温暖湿润，滋养着万物生长；植被类型多样，植物种类丰富。清凉峰保护区内的山峦叠翠，溪流潺潺，为梅花鹿提供了充足的食物与清新的水源；树木繁茂，为它们遮风挡雨；花草芬芳，让它们尽享美味。在这片宁静而祥和的天地里，梅花鹿自由地奔跑、嬉戏，它们的蹄声在林间回荡（见图 5－3）。

图 5－3　清凉峰保护区梅花鹿林间仙踪图

（三）守护鹿鸣：梅花鹿的温婉庇护之旅

清凉峰保护区，作为华南梅花鹿的守护神，精心编织着一张综合保护管理的严密网络，珍视与呵护梅花鹿。

一是革新宣传理念，优化管理举措。为系统保护华南梅花鹿及其栖息地，保护区构建“宣教共管—区域联防—猎源治理—法治保障”四位一体防护体系。在宣教维度，建立社区共管机制，通过生态文化节、自然教育课堂等载体深化公众参与，与周边乡镇签订保护协议，将外围毗邻自然村纳入网格化监督体系。区域防护层面，联合毗邻保护区设立三道生态屏障线，布设红外相机、智能监测基站等设备，组建专业巡护队实施“地面巡查＋无人机巡航”立体防控。针对非法狩猎顽疾，开展“重点人员建档—普法教育—猎具清缴”链条式治理。2018 年创新设立生态警务协作机制，实现违法行为 30 分钟快速响应，构筑起“预防—监管—执法”全闭环保护网络，为华南梅花鹿打造了坚实的生态家园。

二是改良生境，筑牢家园。野生华南梅花鹿喜栖于落叶阔叶林、灌木丛、草甸等食物丰富区，对栖息环境要求高。因 20 世纪 60 年代至 70 年代环境破坏，华南梅花鹿栖息地减小、破碎化。封山育林后环境有所改善，但生境破碎化依旧。为加强保护，保护区开展了栖息地恢复试验并取得成效。2000 年，在干坑林区修复栖息地后，发现了华南梅花鹿活动痕迹。2008 年，根据总体规划，保护区启动了大规模栖息地修复工程。监测发现，修复后的栖息地内华南梅花鹿活动

更频繁，环境得到有效改善。

三是开展研究试验，促进种群扩繁。2002 年，清凉峰保护区便着手于华南梅花鹿种群救护与扩繁的研究，这一历程始于对一头名为“倩倩”的小鹿的救护。2003 年，清凉峰保护区迈出了关键一步，建设了华南梅花鹿救护繁育试验场，深入探索种群生存能力与扩繁技术。经过不懈努力，清凉峰保护区不仅掌握了华南梅花鹿的种群数量、分布范围及采食习性，还成功繁育出首头小鹿，为种群扩繁带来希望。为进一步推动华南梅花鹿的科学研究工作，2014 年，清凉峰保护区对原有试验场进行了全面升级，完善了救护与繁育功能，科研与保护工作得以加强。截至 2023 年底，试验场内已成功保存了 71 头华南梅花鹿，这一成果标志着清凉峰保护区在华南梅花鹿种群救护与扩繁方面取得了显著进展。

四是野外放归，综合监测。2014 年，清凉峰保护区积极投身于华南梅花鹿种群的抢救与保护工作。在清凉峰保护区内，建立了浙江省华南梅花鹿抢救保护基地，它是全省第一批建立的首个兽类珍稀濒危物种抢救保护基地，承载着守护生命、延续希望的使命。图 5－4 为清凉峰保护区千顷塘保护站的照片。

2014 年，清凉峰保护区在千顷塘区域率先实施红外相机网格化监测，收集了大量宝贵的监测数据，为华南梅花鹿的深入研究奠定了坚实基础。基于前期的细致调查与科学评估，清凉峰保护区于 2019 年 12 月在昌化林场毛山林区成功举办了全国首次华南梅花鹿野外放归活动。此后，清凉峰保护区持续加大放归力度，于 2020

年5月~2023年11月，先后6次放归了总计81头华南梅花鹿，其中22头佩戴了野生动物追踪项圈。这一系列放归行动有效补充了华南梅花鹿的野外种群数量。同时，通过综合监测放归个体，清凉峰保护区获得了关于华南梅花鹿家域、栖息地选择及迁徙等方面的宝贵数据，为深入研究提供了有力支撑。图5－5为2024年诞生的首只龙年“鹿宝宝”。

图5－4　清凉峰保护区千顷塘保护站

每年10~11月，当秋风轻拂过清凉峰保护区，一场充满野性的角斗争霸赛便在这片土地上激情上演。野生梅花鹿为了繁衍后代，以尖利强硬的鹿角为武器，在林间草地上展开激烈的搏斗（见图5－6）。它们的眼中闪烁着对生命的渴望，每一次撞击都奏响着生命的乐章，这是一场关乎传承与希望的较量。

图 5－5　2024 年诞生的首只龙年“鹿宝宝”

图 5－6　梅花鹿搏斗图

近年来，华南梅花鹿抢救保护基地通过种质资源保护，守护着梅花鹿的基因宝库；救护繁育试验场的建设，为它们的繁衍搭建起

温暖的摇篮；栖息地生态修复试验，让家园更加宜居；种群放归等一系列措施，让梅花鹿在大自然的怀抱中自由奔跑。在这些努力之下，华南梅花鹿的种群数量，从建区前的80余头，扩大到如今的300余头，这只是清凉峰保护区核心区内的数量，加上外围的数量足足上千头，种群数量不断攀升，生机勃勃。正是得益于清凉峰保护区的精心呵护与悉心培育，才使得这珍稀的生灵得以在这片土地上繁衍生息。

二、安吉小鲵：高山沼泽的隐秘居民

安吉小鲵，雄鲵体长150～170毫米，雌鲵体长160～170毫米。头部卵圆形而平扁，头长略大于头宽，吻端钝圆；躯干粗壮而略扁，尾基部近圆形，向后逐渐侧扁，尾背鳍褶低而明显，尾末端钝圆。体背面皮肤光滑，眼后至颈褶有1条脊沟，体侧肋沟13条；头体腹面光滑，颈褶明显。四肢较细长；前足4指，后足5趾。体背面暗褐色或棕黑色，腹部灰褐色，均无斑纹。中国特有种，受胁等级为极危。主要分布于浙江安吉小鲵国家级自然保护区和清凉峰保护区，生活于海拔1300～1600米的山区，每年于12月到次年3月在小水坑内繁殖产卵，每条雌鲵有产卵袋1对。成鲵以小型昆虫为食。

这一珍稀的两栖生物，选择海拔超过1300米的高山沼泽作为它们的家园。这里群山环绕，泥炭藓与腐殖质交织成一层厚达1.5米的柔软覆盖物，为它们提供了理想的栖息环境。它们偏爱湿润的栖息地，平日里隐匿于泥炭藓之下，享受着腐殖质层带来的温暖与舒适。

当繁殖季节来临，它们会悄悄进入面积仅约 1.2 平方米、水深仅 50 厘米左右的水坑中。

在这片葱郁的栖息地中，黄山松、白栎等树木挺拔而立，为安吉小鲵提供了遮风挡雨的庇护。同时，这里也孕育了丰富的跳虫、蚯蚓等食物来源。安吉小鲵对水质的要求极为严格，而栖息地的亚热带季风气候，年均气温 8.8℃，年降水量高达 1870 毫米，恰好满足了它们生长与繁衍的苛刻条件。

每年的 11 月中旬至次年 3 月，是安吉小鲵的繁殖季节。雌性个体会精心地产出卵胶囊，每个胶囊内含有 47 ~ 90 粒卵，是一颗颗承载着希望的种子。它们以昆虫、蚯蚓为食，但在春季繁殖期间，由于昆虫数量稀少，食物变得匮乏。然而，安吉小鲵却能在自然的考验中顽强地生存下来，延续着种族的繁衍。

（一）安吉小鲵的发现

1991 年，于安吉龙山海拔 1300 米的泥炭藓沼泽地，安吉小鲵就像一位隐匿于深山的精灵，首次展露其神秘的面容，寻鲵行动就此展开。

“我的判断没有错，我一直认为临安一定有安吉小鲵。”楼信权从 20 世纪 90 年代开始，每年都要到清凉峰保护区跑好几趟。2000 年冬，湘湖师范学校生物教师楼信权和杭州师范大学顾辉清教授（安吉小鲵命名人）曾冒雨前往清凉峰保护区考察。他们在林间探寻，终于发现了安吉小鲵的踪迹。在高海拔的某区域，首次发现小鲵的卵囊和一条亚成体（即还没有成形的小鲵），当时初步鉴定为极危

物种——安吉小鲵，但亚成体缺乏足够的鉴定依据，基于科学研究的严谨性考虑，一直未作公开发表。后来楼信权每年上山寻找，但始终没有发现过小鲵成体。但故事并未就此落幕。

2007 年，楼信权已至花甲之年，体能渐感不支，便将探寻安吉小鲵的重任托付给了清凉峰管理局的章叔岩。楼信权坚信，“清凉峰定有安吉小鲵的踪迹，只要坚持不懈，定能觅得其影”。章叔岩亦满怀信心，年年不辍，踏上寻鲵之旅。2008 年，保护区的工作人员怀揣着对生命的敬畏与执着，踏上了寻找安吉小鲵的漫漫征程。经过 5 年的时间，终于在 2012 年 2 月 24 日那天，寻“宝”成功了，发现了安吉小鲵的分布（见图 5 -7），确定了这一物种的存在。这一发现，打破了生物界“世界上只有安吉拥有安吉小鲵”的定论，证明了这一珍稀物种在这片被守护的土地上，依然顽强地生存着，续写着生命的传奇。

图 5 -7　清凉峰保护区发现的安吉小鲵

（二）安吉小鲵的生存困境

安吉小鲵是中国的特有物种，2004 年，被世界自然保护联盟（IUCN）列入全球极度濒危物种名录。2010 年，国家林业局发布的《极度濒危陆生野生动物名录》中，安吉小鲵更是位列榜首。

在清凉峰保护区内重见安吉小鲵的身影，这一发现无疑为该物种的分布与数量认知带来了新的突破。然而，楼信权指出，此发现并不足以改写安吉小鲵所面临的“极危”困境。安吉小鲵仅栖息于海拔 1300 米以上区域，隐匿于泥炭藓下（见图 5－8），繁殖期才移至小水坑。但高海拔环境多变，水坑易消逝。其繁殖特性为“大者食小”“强者欺弱”，幼体存活稀少。冬季沼泽地水塘干涸或结冰，对安吉小鲵生存繁衍构成严峻挑战。

图 5－8　安吉小鲵栖息地的泥炭藓

近年来，随着旅游业的蓬勃发展和人为活动的日益增多，水质受到了一定程度的污染，这给安吉小鲵的生存带来了前所未有的压力。原本，安吉小鲵在高海拔、无污染且拥有独特生态环境的栖息地中，其生存状况是相对安全的。然而，户外运动近年来的迅猛发展，以及一些商家借健康运动之名进行的推广，使得越来越多的无关人员涌入安吉小鲵原本宁静的栖息地，对其生存造成了严重的干扰。

（三）保护“安吉小鲵”从未停歇

自2012年起，清凉峰保护区便着手推行一系列措施，致力于安吉小鲵的保护与监测。清凉峰保护区在安吉小鲵的栖息地精心搭建了超500米的围栏，巧妙地降低了人类活动对其生活的干扰。每逢繁殖季节，清凉峰保护区工作人员便积极开展管护与监测，细致记录安吉小鲵繁殖期间的卵胶囊数量以及其栖息的微环境状况（图5－9为工作人员拍摄的小鲵卵袋），为这一珍稀物种的保护提供了坚实的数据支持。2017年，在浙江省林业局的组织下，清凉峰管理局启动了“极危动物安吉小鲵抢救性保护项目”。该项目在浙江自然博物院专家团队的技术支持下，开展了安吉小鲵野外种群调查、评估与监测、仿生态人工繁殖种群的构建、繁殖生物学关键问题研究、栖息地选择与适宜性分析、保护遗传学研究以及栖息地保护与改造等工作。2020年，安吉小鲵的野外生存数量已锐减至不足500尾，濒临灭绝的边缘。提升其种群规模，被视为挽救这一物种的关键措施。然而，安吉小鲵的幼体间存在显著的同类相食问

题，导致成活率极低。为了应对这一挑战，研究团队在安吉小鲵繁殖期间采取了人工管理策略，特别保护那些较晚破壳的个体，以提高整个种群的生存率。

图 5 –9　清凉峰保护区安吉小鲵卵袋

安吉小鲵栖息地环境如图 5 – 10 所示。为了增强安吉小鲵在自然环境中成功生存的能力，研究团队实施了仿自然环境的人工繁育项目。在人工繁殖安吉小鲵的过程中，科研人员发现，幼体在食用人工饲料后，变为亚成体并放归自然，往往因难以适应自然环境和食物结构而难以存活。

（a）　　　　（b）

图 5－10　清凉峰保护区安吉小鲵栖息地

为解决这一问题，科研团队通过大量统计、测量和数据分析，为安吉小鲵在室内构建了与野外环境高度相似的人工模拟生境池，池中设有自然水域和泥炭藓沼泽地等，力求为安吉小鲵提供更接近自然的生存条件。在幼体成长的不同阶段，他们采取了针对性的饲养策略：初期，通过培育水生浮游生物来满足幼体的食物需求；待幼体发育至亚成体阶段，则提供如蚂蚁、蚯蚓等活体昆虫作为食物；直至安吉小鲵亚成体学会自主捕食后，才将其放归野外。这一系列的措施使得放归后的安吉小鲵成活率得以显著提升。

（四）百余尾安吉小鲵终“回家”

2020 年 7 月 30 日，浙江自然博物院与清凉峰管理局联合小组，从临安百步岭出发，徒步两小时抵达海拔 1600 米的龙塘山高山湿地。在此，他们首次尝试将 100 多尾仿生态繁育的、长约 5 厘米的安吉小

鲵放归自然（见图 5－11）。这片湿地正是 2012 年首次发现安吉小鲵成体的地点，也是全球第二处安吉小鲵的分布点。

（a）　　（b）

图 5－11　野外放归安吉小鲵

三、银缕梅：绽放于清凉峰的远古芳华

清凉峰保护区内生长着珍稀植物银缕梅——这种与恐龙同时代的“植物活化石”（见图 5－12），历经亿万年地质变迁仍顽强存续至今。然而随着生态环境持续恶化叠加人为干扰，其生存正面临严峻挑战。如近年山核桃种植等经济活动不断侵占原生栖息地，导致银缕梅种群数量锐减，濒临灭绝危机。为应对这一生态危机，保护区已启动系统性科学保护工程，全力守护这一远古生命的延续。

（a）　（b）

图 5－12　清凉峰银缕梅近景和远景

银缕梅，金缕梅科银缕梅属，是一种落叶小乔木，同时也是被子植物界中极为古老的物种之一，堪称远古时代的孑遗植物。其科学研究价值极高，个体数量众多，种群密度相对较大。银缕梅的树形高大挺拔，可达 4～5 米，树干上镶嵌着独特的绿色斑纹，展现出一种古朴而神秘的美感。

在早春时节，银缕梅会绽放出美丽的花朵，花蕊顶部鲜红欲滴，银丝缕缕，而此时树上尚不见一片叶子。到了晚秋，其叶片则摇曳生姿，色彩斑斓，散发出淡淡的香气。然而，尽管银缕梅拥有如此独特的魅力，其野生种群却面临着前所未有的生存危机。银缕梅的分布范围极为有限，仅零星分布于浙江西北部、江苏南部及安徽中部等地。因此，它已被列为中国第一批 51 种一级重点保护野生植物之一，并被国际自然保护联盟评定为“极危”物种，亟须得到有效的保护。

（一）调查监测摸清银缕梅家底

对于珍稀濒危植物银缕梅的保护而言，开展深入细致的调查监

测工作是至关重要的第一步。为了切实有效地保护银缕梅，清凉峰保护区率先行动，在2022年10月~2023年6月，联合浙江农林大学对龙塘山片区进行了银缕梅野外种群的全面基础调查。在调查过程中，工作人员不畏艰难险阻，深入林间进行实地勘查。他们经过数月的耐心观察，详细记录了银缕梅的生长状况、分布范围、数量以及年龄结构等关键信息。通过艰苦卓绝的努力，最终掌握了清凉峰保护区辖区内银缕梅野外种群的基本情况。调查结果显示，区域共存在3个主要的银缕梅居群，共计136株个体，平均高度达到4.2米。

基于这些宝贵的调查数据，清凉峰保护区建立了详尽的银缕梅种群档案，并实施了长期的监测计划，以便及时准确地了解银缕梅的生长动态。这些工作为开展银缕梅保护的基础科学研究奠定了坚实的基础，为未来的保护工作提供了有力的支持。

（二）因地制宜，恢复生境生态

在全面掌握了银缕梅的分布与现状之后，清凉峰保护区的工作重心转向了生态恢复与保护。为了有效实施这一策略，清凉峰保护区积极与清凉峰镇人民政府、浙川村村委以及当地林农等利益相关方进行深入沟通，并签订了银缕梅保护租赁委托协议。根据协议内容，清凉峰保护区对农户林缘地带的山核桃树进行了合理的补偿与征收，随后对这些区域进行了清理，以恢复其自然生态。与此同时，保护区还在银缕梅的主要栖息地周围设立了高度为2.5米、长度达250米的铁丝网围栏，这一措施旨在防止山核桃林的无序扩张，从而避免银缕梅栖息地进一步缩减，确保其野生种群拥有一个

稳定且适宜的生长环境。通过这一系列精心策划与执行的措施，保护区成功地保护了银缕梅的原生境，为它们的持续生存与繁衍提供了坚实的保障。

（三）人工栽培繁育，种族原生境回归

在致力于银缕梅原生境保护的同时，清凉峰保护区还大力推进了银缕梅的人工栽培繁育计划，并着手实施种群的原生境回归（见图5－13）。为此，清凉峰保护区在龙塘山特别设立了珍稀濒危植物种质资源苗圃，专注于种子的采集、繁育以及后续的回归工作，针对银缕梅等珍稀物种展开了一系列保护行动。在龙塘山的种质资源苗圃中，工作人员对银缕梅的种子倾注了极大的关注与心血。他们细致入微地调配土壤，确保种子能在最适宜的环境中生长；同时，他们还定时浇水施肥，密切关注种子的生长情况，期待它们能够破土而出，茁壮成长为新的生命。经过不懈的努力，成功培育出了超过1500株银缕梅幼苗，为种群数量的恢复奠定了坚实的

（a）

（b）

图5－13　银缕梅原生境回归

基础。2023 年 11 月，清凉峰保护区在浙川银缕梅的分布区实施了原生境回归计划，将 50 余株精心培育的银缕梅幼苗重新植入自然环境中，实现了种群数量的有效补充与保护。这一举措不仅为银缕梅的种群恢复注入了新的活力，也为其他珍稀濒危植物的保护工作提供了宝贵的经验与启示。

（四）构建保护体系，创新管理方法

为了深化对银缕梅等珍稀濒危植物的保护力度，清凉峰保护区创新性地建立了联合保护管理机制，并围绕珍稀濒危植物构建了一套全面的保护体系。在此基础上，清凉峰保护区主动探索生物多样性保护与森林防火的联防联控新路径，与邻近的安徽省歙县、绩溪县清凉峰保护区管理站，以及宣城宁国市、淳安县的多个乡镇，还有临安区内包括清凉峰镇、龙岗镇在内的 6 个乡镇，均签订了协同保护合作协议。这些协议的签署，显著增强了多部门工作人员及当地民众在保护工作规划、执行与效果评估中的参与度，为银缕梅等珍稀濒危植物的保护工作注入了新的活力。

这一联合管理体系的构建，不仅极大地提升了保护工作的执行效率与质量，更为整个区域内的生物多样性保护构筑了一道坚实的防线，为生态和谐与物种存续提供了强有力的保障。

四、象鼻兰：幽居清凉峰谷的仙逸兰韵

象鼻兰（见图 5 – 14）是我国特有的单种属植物，也是清凉峰

保护区内最为珍贵的植物瑰宝之一。这样珍稀的植物瑰宝，傲然挺立于国内，未曾遗落于海外，成为了少数的自然奇迹。它的名字镌刻于《中国物种红色名录》之中，在《浙江省重点保护野生植物名录（第一批）》上熠熠生辉，更被《濒危动植物种国际贸易公约》及《浙江省珍稀濒危野生动植物抢救保护行动方案（2017－2020年）》视为珍宝。

图5－14　象鼻兰远景近景图及其结构分解图

象鼻兰，兰科象鼻兰属，它栖息于海拔300～500米的山谷溪畔，东南之坡，最爱潮湿而隐秘的林间或林缘地带，尤其青睐银杏、山核

桃、榧树等古木参天之处，以山核桃林为主，紧紧依偎在它们的主干与分枝间。它的茎短，叶有 1 ~ 3 片，呈倒卵之形，又似椭圆之姿，叶背或边缘，细密的暗紫斑点轻轻点缀。而其蕊喙，狭长而雅致，宛若象鼻轻垂，花色绚烂。

（一）珍稀兰花的生态救赎

然而，兰科植物，性情高洁，对生长环境有着近乎苛刻的要求，生长相当缓慢，繁育非常艰难。故而，当外界稍有干扰时，象鼻兰便难以迅速恢复。由于象鼻兰的栖息地遭受侵袭，生境被无情割裂，难以复原。加之其独特的生理生态学特性，以及人类贪婪的双手过度采摘，使得象鼻兰的种群更新之路艰难，群落数量日渐稀少。其生存形势之严峻，已经不容忽视。这是对自然生态系统的一次严峻考验，面对这一挑战，清凉峰保护区采取了更加积极有效的措施，以保护这一珍稀物种，免受灭绝的威胁。

（二）资源调查与监测

在清凉峰保护区辖区内，一场为了守护象鼻兰的探索悄然展开。科研保护者们首先对象鼻兰展开了资源调查与种群评估的细致工作。他们在翻阅标本与图像数据库后，踏上了实地探寻的征途。每一株附生着象鼻兰的树木，都被赋予了独特的意义，它们不仅是自然的见证者，更是象鼻兰生命的依托。保护者们细心记录着附生树种的种类、象鼻兰的株数与开花植株数。同时，他们也仔细观察着群落的生态学特征与周围生境，试图捕捉象鼻兰生存的密码。调查结果凸显象鼻兰分布区的非凡与危机。经过详尽的调查，清凉峰保护区被确认为临安境内象鼻兰最主要的分布区域。然而，背后却隐藏着几分令人忧虑的现实。在这片广袤的土地上，4 个天然象鼻兰居群犹如散落的珍珠，点缀其间。然而，这些珍贵的居群正面临着人为采集以及山核桃经营活动所带来的严重干扰。

（三）种子无菌萌发与组培快繁技术

由于种群数量极少，清凉峰保护区需要借助相应的科学技术手段解决这一难题。对于珍稀濒危的象鼻兰而言，繁殖瓶颈的突破，更是其摆脱濒危困境、重焕生机的希望，是构建规模化扩繁技术体系的坚固基石。然而，象鼻兰的繁殖之路，却充满了未知与挑战。其种子之微小，无胚乳之滋养，发芽率极低。传统的繁殖方式，难以满足保护工作需求。于是，在清凉峰保护区与浙江农林大学科研团队的智慧碰撞下，一场关于象鼻兰繁殖的奇妙探索展开。他们深入探寻象鼻兰的生长习性，在无数次的尝试与失败后，找到了种子无菌萌发与组培快繁技术。在无菌的环境中，象鼻兰的种子被小心翼翼地接种在特定的培养基上，被赋予了新的生命。经过一系列精心的培养，那些曾经微小而脆弱的种子，如今已茁壮成长为一片翠绿的森林，每一株象鼻兰都散发着生命的活力与希望。这一技术的成功应用，得以壮大象鼻兰的种群，让这份自然的瑰宝可以在时光的河流中继续绽放其不朽的光芒。象鼻兰种子无菌萌发和植株再生照片资料如图 5 – 15 所示。

图 5－15　象鼻兰种子无菌萌发和植株再生

（四）野外回归：重建绿色家园

在成功培育出大量象鼻兰植株后，清凉峰保护区实施了野外回归计划。科研人员深入象鼻兰的原生环境，挑选出那些生长在村落边缘的银杏、榧树与银叶柳，它们不仅身姿挺拔，更因便于后期的呵护与管理，被赋予了承载象鼻兰新生的使命。科研人员采用人工绑缚的手法，将那些经过驯化的幼苗与瓶苗，小心翼翼地依附于附生树种的主干与枝丫之间，为了确保这生命回归的每一步都稳健而坚实，科研人员更是在附生树种的主干之上，巧妙地安装了自流喷雾装置，为象鼻兰提供了最为适宜的生长环境。经过数载的不懈努力，回归的象鼻兰植株成活率之高，令人欣喜。更令人振奋的是，部分植株已然绽放芳华，结出了饱满的果实。

至2016年之秋，已有738株象鼻兰成功回归至大自然的怀抱。2016～2018年，象鼻兰的芬芳逐年递增。科研人员以深情与耐心，选取了其中114株经过悉心驯化后，对它们进行了漫长而细腻的守护。回归后的象鼻兰，不仅适应了野外的广阔天地，更展现出了生机和活力。2016年，野外观测仅有两朵清雅的花儿在枝头摇曳；2017年，增至18朵；至2018年，竟有58朵娇艳之花竞相绽放，更有少量结出了饱满的果实。

野外回归可以作为象鼻兰种群重建和恢复的重要手段，这也为在相似生境开展象鼻兰种群重建和回归提供了可行性。截至2024年底，保护区已人工繁育象鼻兰种苗5000余株，野外回归2000余株。值得一提的是，野外回归的象鼻兰植株，已自然授粉结实，成功实现了象鼻兰野外种群复壮。象鼻兰野外回归的相关照片资料如图5－16所示。

图5－16　清凉峰保护区象鼻兰野外回归

第二节　创新举措

清凉峰保护区在生物多样性保护方面，采取了多维度、综合性的措施。这些措施不仅涵盖了动物资源的保护，还包括了植物资源的保育，以及法治宣传、教育引导、科研监测等多个方面，形成了一个系统性、全面性的保护体系。

一、综合性保护措施并行

首先，基于地理位置、功能划分及特定需求，严格遵循自然保护区法规，执行分级管理，明晰了保护区的建设、发展与管理方向。清凉峰保护区森警中队在清凉峰管理局挂牌成立旨在对保护区内的动植物设立专队保护。其次，制定完善了一系列规章制度，如《护林员管理试行办法》《联防建设试行办法》《火灾处理预案》《防火公约》等，为保护区的保护工作和规范操作提供了制度保障。2017年，清凉峰管理局开展“驴友”专项整治，采取“疏堵结合”方式。全年走访周边“农家乐”，与宁国市万家乡联防，开展防火宣传80余次，张贴标语700余张，发放宣传册1000余份，增设宣传牌25块。在重点区域和时段，安排人员蹲守劝导“驴友”，并关注户外活动信息，劝阻擅闯保护区“驴友”2000余人次，对合法活动全程监督，禁止露营。最后，保护区强化了野生动植物保护力度，通过实施核心区、缓冲区准入许可，禁止非法采伐与森林扩张，加强森林防火、病虫害防治及环境监管等。2019 年，清凉峰管理局推进浙皖边界保护区内生物多样性保护工作。第一是跨区域合作与机制建设，建立领导会商制度，开展不定期交流和互访 3 次，推进数据共享服务平台建设，建立毗邻地区监管与应急体制机制，与安徽绩溪清凉峰保护区、安徽歙县清凉峰保护区签订“浙皖清凉峰生物多样性保护合作协议”并签订《浙皖联防合作框架协议》；第二是联合行动，全年开展联合巡护执法活动 3 次、联合劝导教育活动 2 次；第三是科普宣传，在重点时间、区域发放科普宣传资料 1 万余份。

清凉峰保护区不仅在日常工作中积极落实、稳步推进，还持续拓展科研合作网络，并积极运用科学技术。始终秉持着“借梯登高、借船出海”的合作理念，积极实施“走出去、引进来”战略，与中国科学院动物研究所、浙江大学、中国计量大学、浙江农林大学等高校和科研机构建立并巩固了合作关系，为清凉峰保护区科学发展注入了新的活力，提供了强有力的智力支撑。以及优化巡护管理数字化体系，在完善护林员管理制度的基础上，上线了巡护管理系统，通过轨迹追踪和数据分析，规范了护林员行为。同时，引入无人机定期巡检，构建了空地结合的巡护体系，提升了清凉峰保护区的监管效能。2017 年，清凉峰保护区建立了生物多样性信息系统，收录了丰富的动植物数据，提供了便捷的查询功能，为生物多样性保护与展示提供了数字化平台。

二、多维度强化野生动物保护

清凉峰保护区一直致力于对野生动物的保护，通过加强法制执

法力度、开展救护繁育实验、改善栖息环境以及科研监测等手段，进一步提升动物保护水平，为构建人与自然和谐共生的美好家园贡献力量。

第一，设立生态警务室，加强法治宣传与执法力度。2018 年，清凉峰管理局联合杭州市公安局临安分局、杭州市生态环境局临安分局等相关部门，成立了浙江省首家自然保护区生态警务室。这一举措进一步加强了华南梅花鹿、安吉小鲵等动物的保护工作，通过查处违法案件、分发和张贴典型案例等方式，提高了社区居民的保护意识，起到了教育警示作用。第二，开展救护繁育试验，实施种群恢复计划。清凉峰保护区对华南梅花鹿以及安吉小鲵开展了救护繁育试验，并在清凉峰保护区内建成围栏作为抢救繁育试验场地，以及在安吉小鲵繁殖期间采取了人工管理策略，特别保护那些较晚破壳的个体，通过这些举措，清凉峰保护区成功救护并繁育了多只华南梅花鹿，安吉小鲵种群也得以壮大，为种群恢复提供了有力支撑。第三，实施栖息地生态恢复工程，改善动物栖息环境。清凉峰保护区积极开展华南梅花鹿、安吉小鲵等动物栖息地的生态恢复试验，通过修复适宜它们栖息的草甸、灌丛等环境，有效改善了其栖息条件。修复后的栖息地内华南梅花鹿种群活动更加频繁，安吉小鲵的成活率更高。第四，加强科研监测，构建种群动态监测体系。随着科研设备的不断更新，清凉峰保护区积极实施红外相机网格化监测和安吉小鲵生物学及生境变化监测等生物多样性动态监测项目，2017 年已实现清凉峰保护区网格化监测全覆盖，处于浙江省领先地位。同时，2013 年起持续监测安吉小鲵繁殖期的卵带数量，并适时采取人工措施提高卵

袋发育成功率。通过红外相机监测，已初步掌握华南梅花鹿、黑麂等珍稀濒危动物的种群动态，为物种保护提供了科学依据。清凉峰保护区与多家科研机构合作，采用红外相机网格化布设法等技术手段，对动物种群进行全覆盖式的调查研究。通过长期持续的监测，清凉峰保护区有效掌握了其种群数量及分布动态，为制定保护策略提供了科学依据。

三、共筑珍稀植物安全保障

植物是山的元气，是山的底蕴。纵览清凉峰保护区，孕育了丰富的植物资源。清凉峰保护区是一个古老、复杂、完整的物种宝库，是我国东南部物种资源保护较好的地区之一。基于这一天然的有利条件，清凉峰保护区通过详尽的资源调查、科学保护计划的制订、原生境恢复与繁育工作、加强生态环境监测与植物园建设，以及有效的外来物种防控措施，成功扩大了珍稀濒危植物种群，维护了生态安全，并提升了公众对珍稀植物的认识与保护意识。

在珍稀植物保护体系中，清凉峰保护区构建了全链条保护机制。通过系统化的资源普查与动态评估，精准掌握保护对象的分布特征与生存现状，形成科学保护方案。基于遥感测绘与实地踏查相结合的技术手段，建立包含物种名录、种群密度、生境特征的三维数据库，为制定珍稀植物抢救性保护方案提供核心支撑。同步推进的监测网络建设，依托 4 个永久性固定样地，开展 5 年周期的植被复查与生物多样性动态追踪，通过分析环境因子、种子扩散规律及幼苗存活率等

关键指标，构建起植被演替模型，动态优化保护策略。

清凉峰保护区创新实施“保育—修复—回归”三位一体工程。在原生境修复方面，运用近自然林改造技术重建退化生境，通过人工繁育基地攻克珍稀植物繁殖瓶颈，实现规模化苗木培育。通过林下补植与野外回归工程，使濒危物种在原生环境中的种群数量与遗传多样性得到显著提升。

针对生态安全维护，清凉峰保护区建立“预防—控制—治理”联防体系。通过社区共管机制，联合开展松材线虫病疫木清理与加拿大一枝黄花替代种植工程，运用树干注药与生物竞争抑制技术阻断入侵路径。配套建设的智能监测系统，通过红外相机网格与无人机巡航实现全天候生态监管，形成覆盖植物群落、动物活动与病虫害传播的立体防护网络，切实保障珍稀植物生境安全。

第三节　具体成效

多年来，清凉峰管理局始终坚守以“保护为核心、科教为动力”的区域发展策略，不断推动管理方式的数字化转型，致力于野生动植物保护工作的全面开展。

2012 年，清凉峰管理局荣获国家林业局颁发的“全国自然保护区先进集体”称号；2016 年，被全国绿化委员会等权威部门评为“全国绿化先进集体”，并再次被环境保护部、国家林业局等部门

联合授予“全国自然保护区先进集体”的荣誉。2018 年，在生态环境部、自然资源部、国家林业和草原局等共同组织的长江经济带国家级自然保护地管理评估中，清凉峰保护区脱颖而出，荣获优秀等级的评价。

一、野生动植物保护成果显著

在 2017～2022 年的时光里，清凉峰保护区将重心放在了诸如华南梅花鹿、象鼻兰、安吉小鲵、夏蜡梅及阳彩臂金龟等生物多样性的保护工作上，深入开展了种群资源调查、栖息地质量评估以及人工繁育技术的研发。

清凉峰保护区内的野生华南梅花鹿种群数量被稳定维持在 300 余头，同时，一处新的安吉小鲵栖息地被发现，并确保了其在繁殖期的卵胶囊数量维持在大约 100 对；象鼻兰的数量统计达到了 8000 余株；夏蜡梅与阳彩臂金龟的种群分布也得到了较为全面的掌握，进一步明确了清凉峰保护区内主要保护物种的数量情况。

为了推进生物多样性研究与科学调查工作，并为关键保护物种的监测、迁移及繁育提供关键技术支持，清凉峰保护区主动寻求与国内外科研机构的合作，在动植物基础资源调查、珍稀濒危物种专项保护行动以及日常生态监测等多个领域取得了显著成效。这些合作涵盖了清凉峰区域的草本植物种类调研、繁殖季节鸟类种群考察，以及对华南梅花鹿、象鼻兰、安吉小鲵、阳彩臂金龟等珍稀濒危物种的濒危原因探究，还有森林土壤特性的深入研究等方面（见表 5－1）。

表 5－1　　科研监测科 2022～2024 年科研合作情况

年份	合作单位	研究内容
2022	浙江农林大学	黄山杜鹃野外种群监测及回归
2022～2024	中国计量大学	华南梅花鹿种群调查、监测及野外放归研究
2022～2024	浙江农林大学	象鼻兰野外种群调查、繁育及野外回归、致濒机制研究
2022～2024	浙江省自然博物院	阳彩臂金龟种群资源调查、实验室人工繁育、野外环境半人工繁育点搭建、个体基因组测序等
2023	浙江农林大学	苔藓植物调查及图谱编撰
2023	浙江省森林资源监测中心	森林碳储量评估
2023	浙江农林大学	草本植物志（第二卷）调查及编研
2023	浙江农林大学	保护区龙塘山片区银缕梅种群调查与监测
2023～2024	安徽农业大学	大型食用菌、外生菌根真菌资源调查
2024	浙江省林业科学研究院	保护区千顷塘片区红外相机网格化位点监测植物样方调查
2024～2025	中国农业科学院特产研究所	华南梅花鹿遗传多样性监测
2024～2025	中国环境科学研究院	保护区生物多样性监测体系研究
2024～2025	浙江大学	保护区顺溪坞片区 1 公顷生物多样性长期监测样地

这些携手并进的合作，增强了探索的力量，为物种保护织就了一张坚实的守护网。合作研究不仅深化了我们对自然生态的理解，照亮了监测之路，还提升了守护自然的敏锐与效率。这些合作更是架起了沟通的桥梁，促进了智慧与资源的交流融合，共同绘制着生物多样性保护的宏伟蓝图；更为可贵的是，浇灌了人们对大自然无限热爱与尊

重的教育之花，为生态系统的可持续发展铺就了一条充满希望的绿色之路。

二、濒危动物保护显成效

清凉峰管理局实施多项措施维护重点物种及其栖息地稳定，包括异地保护、原生境恢复等，并抢救保护珍稀濒危物种。通过创新技术，突破濒危物种野外种群增长瓶颈。

建立浙江省首个“生态警务室”，形成生态保护新格局。特别针对华南梅花鹿，清凉峰保护区强化保护，除华南梅花鹿救护繁育试验场外，清凉峰保护区范围内野生种群数量为最高观测到387头；自2019年开始，华南梅花鹿放归实施6次，放归数量81头，22头佩戴卫星定位项圈。为了更好促进华南梅花鹿的保护与监测，清凉峰保护区与中国科学院动物所合作编制清凉峰保护区华南梅花鹿发展规划。同时，安吉小鲵等濒危动物野外种群数量也在提高。清凉峰保护区实施的栖息地生态恢复工程，成功修复了适宜华南梅花鹿等濒危动物的栖息环境，有效缓解了栖息地破碎化、岛屿化问题。这些措施不仅提高了栖息地的连通性和多样性，还为华南梅花鹿等濒危动物提供了更加丰富的食物来源和隐蔽的栖息场所。

同时，清凉峰保护区还加强了对栖息地的日常管理和维护，防止了人为干扰和破坏（见图5-17）。这些努力共同促进了动物栖息环境的改善，为种群的稳定增长提供了有力保障。

图 5－17　清凉峰保护区工作人员对栖息地进行人工干预

三、珍稀植物保护现成果

清凉峰保护区成功繁育多种濒危植物，野外回归及推广种植约15000 株。清凉峰保护区所采取的措施在维护生物多样性、濒危物种复壮、生态保护新格局构建、救护繁育与野外放归、濒危植物繁育与回归以及科学规划与持续发展等方面发挥了重要作用，为清凉峰保护区内的生物多样性和生态系统保护作出了积极贡献。

首先，珍稀濒危植物得到有效保护。得益于清凉峰保护区的多项保护措施和创新举措，珍稀濒危植物得到了有效保护，清凉峰保护区内珍稀濒危植物的种群数量得到有效恢复和增长，为生物多样性保护作出了重要贡献。其次，珍稀植物园成为展示窗口，珍稀植物园的规划建设不仅提升了保护区的科研和保育能力，还成为了公众了解珍稀濒危植物的重要窗口。通过参观珍稀植物园，公众可以更加直观地了解珍稀濒危植物的生态价值和保护意义。最后，促进了科研合作与交流，在珍稀濒危植物保护方面，清凉峰保护区积极与国内外各高校和科研院所开展合作与交流。这些合作不仅提升了保护区的科研水平，还为珍稀濒危植物的保护提供了更加科学、有效的手段和方法。

清凉峰保护区通过构建系统性保护体系，在生物多样性保护领域形成了可复制的示范模式。基于“生态修复—科研创新—社区共管”三位一体策略，清凉峰保护区先后实施珍稀物种生境再造工程，搭建智能监测网络平台，创新生态补偿机制，推动濒危种群复壮与生态系统功能整体提升。通过构建空天地一体化监测体系，实现重点区域生物动态的实时追踪与智能预警，显著提升保护精准度。清凉峰保护区还通过深化跨界协同机制，推动建立浙皖生态廊道联防联控平台，通过共享物种数据库、统一监测标准、联合执法行动，构建清凉峰保护区浙皖区域生态安全共同体。

未来，清凉峰保护区将继续加强科研监测、法治宣传与教育引导等工作，不断提升保护区的保护能力和水平，为保护生物多样性、促进生态文明建设作出更大的贡献。

第六章

科普宣教

清凉峰保护区通过构建“双向互动”科普体系有效激活生态教育价值，采用“迎进来 + 走出去”策略双管齐下。一方面，打造沉浸式自然教育基地，开展研学旅行、生态夏令营等主题活动50余次，累计接待访客超10万人次；另一方面，推动科普资源下沉基层，组织专家团队进校园、入社区举办自然讲堂180余场，覆盖受众5万余人次。通过组建跨领域科普联盟，系统开发特色课程体系，联合媒体创新推出生态主题直播、多语种短视频等传播形式，同步引导周边民宿增设自然观察设施、森林康养等旅游项目，形成“教育推广—绿色消费—社区增收”的良性循环链。这些实践不仅显著提升公众环保意识，更通过生态文化赋能乡村振兴，实现环境保护与民生改善的协同发展，树立了自然保护地可持续发展的创新典范。

第一节　案例介绍

近年来，清凉峰保护区深耕科普宣传，打造集生态保护、科普教育、社区共建的科普宣教平台。清凉峰保护区通过精心建设科技馆、生物多样性展厅及野外博物馆等，为公众搭建了亲近自然、探索生态奥秘的优质学习平台。在此基础上，保护区采取“迎进来”与“走出去”相结合的策略：一方面，邀请公众走进清凉峰，亲身体验自然之美；另一方面，清凉峰保护区走出清凉峰，将科普知识带入校园、社区、图书馆等，拓宽科普教育的广

度与深度。

一、生态研学：播种绿色梦想，启迪未来守护者

在全球环境危机日益严峻的背景下，人类对自然的敬畏和追求和谐共生的理念愈发重要。生态研学作为一种创新的教育模式，正逐步深入社会各个层面，成为推动生态文明建设的重要力量。它不仅是教育领域的变革，更是人类对自身与自然关系深刻反思后的积极行动。通过实地考察、亲身参与和科学探索，生态研学引导人们走进自然，揭示生态系统的奥秘，为年轻一代种下环保的种子，助力生态文明建设。

清凉峰保护区是清凉峰名山公园的重要组成部分，肩负着保护自然生态和传播生物多样性知识的双重使命。为此，清凉峰管理局精心打造了一系列科普宣教设施，包括野外博物馆、科技馆、生物多样性展厅和访客中心等室内场馆，以及珍稀植物园、华南梅花鹿救护繁育场和科普展线等户外实践基地，为开展生态研学活动提供了良好的条件。

此外，清凉峰管理局还积极走出保护区，走向学校，走进社区，举办科普讲座、展览互动体验等一系列贴近民众、形式多样的科普活动；借助媒体，制作科普宣传片；自主研发科普宣教课程等，进一步扩大了生态文明理念的传播范围。这些活动以其独特的魅力和深刻的教育意义，成功吸引了一拨又一拨怀揣梦想与热情的“生态小义警”“护鹿小卫士”等前来研学。

（一）研学之“生态小义警”

2024 年暑期，清凉峰保护区组织“生态小义警”，参观了科技馆和生物多样性展厅这两个室内场馆，相关活动合影照片如图 6－1 所示。

图 6－1　清凉峰保护区“生态小义警”组织研学活动

科技馆内，琳琅满目的生物多样性标本构成了一幅幅生动的自然画卷，昆虫的精致、鱼类的灵动、两栖爬行动物的神秘、猛禽的威严、森林鸟类的悠扬、兽类的雄壮，以及植物世界的丰富多彩，共计千余份标本，让孩子们仿佛置身于一个微缩的自然界。讲解员以寓教于乐的方式，将每一个标本背后的故事娓娓道来，激发了孩子们对大

自然的无限向往与探索欲（见图6－2）。一位“生态小义警”兴奋地说：“这是我第一次这么近距离地看到这么多栩栩如生的动物和植物标本，感觉就像走进了一个真实的自然世界。”

图6－2　临安区“生态小义警”参观清凉峰保护区科技馆

生物多样性展厅分为两大区域。第一个区域是野生动植物多功能媒体展示区（见图6－3），巧妙地运用了现代科技手段，将清凉峰的生态系统及其繁衍生息的动植物资源以直观、生动的方式呈现给孩子们。工作人员细致入微的讲解，让孩子们不仅了解了动植物的习性、生存状态，更深刻认识到它们是清凉峰生态系统中不可或缺的角色，既是一场视觉盛宴，也是一次心灵的洗礼。

第二个区域是科普互动区。这里，一个精心制作的清凉峰沙盘成为了焦点，它按比例还原了保护区的地形地貌，山川河流、森林草甸等错落有致，让人仿佛置身于真实的清凉峰怀抱之中。工作人员手持

图 6－3　清凉峰保护区生物多样性展厅

激光笔，一边在沙盘上缓缓移动，一边讲解（见图 6－4）。最后，工作人员启动了多媒体设备，带领孩子们观看了保护区自主制作的梅花鹿保护专题片《鹿鸣清凉峰》和微视频《有迹可循》等，孩子们围坐在屏幕前，聚精会神地观看，不时发出惊叹声，对生态保护的重要性有了更加深刻的体会。工作人员还精心准备了保护区自主制作的一系列科普宣传读本，包括《清凉峰画册》和《浙江华南梅花鹿》等，供孩子们阅读学习。孩子们翻开这些精美的读本，一页页仔细阅读起来，书中生动的图片和详细的解说让他们对华南梅花鹿的生活习性、清凉峰保护区的自然风貌以及生态保护的重要性有了更加直观而深刻的理解。

图 6－4 临安区“生态小义警”参观清凉峰保护区生物多样性展厅

此次清凉峰保护区研学活动，不仅让孩子们惊叹于大自然的鬼斧神工与生物多样性之美，更在孩子们心中种下了保护生态环境的种子，激励着他们在未来的日子里，成为环保事业的坚定践行者。

（二）研学之“护鹿小卫士”

为了进一步加强生态保护意识，提高公众对野生动植物保护的参与度，2024 年，清凉峰保护区在第二个全国生态日之际，再次启动了“护鹿小卫士”活动。旨在通过寓教于乐的方式，让孩子们从小树立正确的生态观念，成为保护自然环境的生力军。

护林员带领“护鹿小卫士”们踏上了前往山间密林的探索之旅。护林员以生动有趣的语言，向孩子们介绍了野生梅花鹿的生活习性以及可能会对梅花鹿的生存造成影响的因素（见图6－5）。在护林员的悉心指导下，孩子们也学会了如何观察粪便的形状、颜色以及周围的环境，从而识别出不同动物的踪迹，这不仅是一次知识的传递，更是一次生存智慧的传承。此外，护林员还向小卫士们展示了红外相机在野外监测中的作用和安装方法，激发了孩子们对科技保护自然的浓厚兴趣。

图6－5　护林员给“护鹿小卫士”讲解

当夕阳的余晖渐渐隐没在山峦之后，护林员又带领小卫士们开始了夜间探索之旅。护林员利用夜观和灯诱的方法，给孩子们展现了竹节虫以其惊人的拟态能力伪装成树枝静静守候的现象，以及天牛挥舞着强壮的触角在夜空中划出一道道亮丽轨迹的景象，仿佛打开了一扇通往自然奥秘的神奇之门（见图6－6）。

(a)

(b)

图6－6　护林员带领“护鹿小卫士”夜间探索

（三）研学之“龙塘小分队”

龙塘山生态系统保护区域的喀斯特地质地貌景观奇特，奇峰耸立，怪石嶙峋，形态各异，展现出大自然的鬼斧神工。清凉峰植物园位于龙塘山区域，占地面积5公顷，因特殊的喀斯特地貌结构，园内植物资源丰富，并且具有古老性和原生性，据统计有植物1000多种，其中银缕梅、凹叶厚朴、荞麦叶大百合等珍稀濒危植物30余种，天目木兰、蝴蝶荚蒾等观赏植物50余种，还有近百株古树名木分布于园内，构成了一个多样化的生态系统。为增强公众对自然保护的意识，清凉峰科技馆组织开展了“相约绿色—龙塘探秘”主题公益研学活动。

活动中，学生们组成的小分队穿梭于石林之间，不仅学习了喀斯特地貌的形成原因，还亲身体验了寻找三叶虫化石的乐趣。清凉峰保护区的工作人员还向学生们介绍了清凉峰保护区的生态环境、物种多样性以及保护工作的重要性。通过生动的案例和深入浅出的讲解，让学生们深刻认识到保护自然环境、维护生态平衡对于人类生存和发展的深远意义（见图6－7）。

（a）　　（b）

图6－7　临安区石镜小学天目思政小分队

一位学生在活动后感慨道："通过今天的实践活动，我深刻感受到了清凉峰保护区工作人员对这份事业的热爱与执着，更加深入地了解了这个国家级自然保护区，不仅拥有丰富的野生动植物资源，还有着其独特的地理环境和自然风光。"此次研学活动不仅让学生们领略到了自然之美，更激发了他们对自然的热爱和保护环境的责任感。小分队成员纷纷表示，要将所学到的知识运用到日常生活中，从身边的小事做起，为保护环境贡献自己的一份力量。

清凉峰保护区暑期"生态小卫士"活动，不仅为年轻一代搭建了亲近自然、了解自然的平台，更通过他们的行动与声音，激发了社会各界对生态保护的热情与责任感，推动了清凉峰保护区生态资源保护工作的规范化、有序化与长效化。展望未来，生态研学之路任重而道远。清凉峰保护区需要更多的"生态小卫士"加入这个行列中，共同绘制一幅人与自然和谐共生的美好画卷，为子孙后代留下一个更加绿色、更加和谐的地球家园。

二、生态共融：书写自然之美，联结世界之力

在全面推进生态文明建设的背景下，清凉峰保护区积极践行“人与自然和谐共生”的理念，通过多样化的活动形式，将公众迎进来，深化公众对生态保护的理解与参与。一方面，清凉峰保护区注重挖掘和弘扬本土文化，通过文学创作展现自然与人文的深度融合；另一方面，保护区也致力于加强国际交流与合作，推动生态保护经验的共享与传播。

（一）文墨清凉：名山文化征文展风采

为学习贯彻党的二十大精神，弘扬社会科学精神，深入践行习近平生态文明思想，进一步挖掘和弘扬清凉峰名山文化，繁荣清凉峰当代文学创作，提升清凉峰名山公园的社会影响力，推进“人与自然和谐共生示范区”建设，2024 年 7 月，清凉峰保护区管理局特举办清凉峰名山公园征文及摄影活动。此次活动旨在通过文学与艺术的形式，展现清凉峰的自然之美与人文底蕴，激发公众对生态保护的热情与责任感。

征文活动以清凉峰名山公园（以清凉峰保护区为核心，辐射周边六个镇）为主题或背景，倡导融入自然的文学理念，要求作品能够体现对清凉峰名山公园人文历史的情感与观照，并生动展示其自然风光的绮丽与壮美。征文文体以散文、故事类文学作品为主，分为成年组、中学生组、小学生组三个组别，覆盖不同年龄段的文学爱好

者，吸引了广泛的社会参与。

摄影活动则以“清凉峰名山公园100个精彩瞬间”为主题，要求作品创意独特、主题突出、内容真实且原创。活动面向全国摄影爱好者，不限年龄、国籍或专业水平，旨在通过镜头捕捉清凉峰的独特魅力，展现其自然与人文的和谐共生。

此次征文和摄影活动为全国文学爱好者和摄影爱好者提供了一个展示才华的平台。参与者通过文学作品和摄影作品，记录并赞美了清凉峰的美丽风光与深厚人文历史。活动不仅丰富了广大群众的文化生活，还进一步提升了清凉峰名山公园的知名度和影响力。通过活动的开展，更多人了解了清凉峰保护区的自然风光与历史文化，同时也激发了公众热爱自然、保护环境的意识。

未来，清凉峰管理局将继续秉承生态文明理念，加大宣传力度与保护力度，努力将清凉峰名山公园建设成为生态保护的示范区，为实现人与自然和谐共生的目标作出更大贡献。

（二）近悦远来：国际交流共登清凉峰

为加强中国与其他发展中国家间自然保护区管理的交流与合作，促进林业可持续发展和生态保护建设。清凉峰保护区作为户外实践点，于2024年8月9日成功举办了“一带一路”国家自然保护区管理与保护研修班的交流考察活动。此次交流活动共有来自尼泊尔、柬埔寨、伊拉克、土耳其等8个国家的36名成员参加，旨在通过经验分享与问题探讨，共同推动全球生态保护事业的发展（见图6－8）。

图 6－8　2024 年 8 月清凉峰保护区举办“一带一路”
自然保护区经验交流会合照

活动伊始，浙江清凉峰国家级自然保护区管理局党组书记、局长董德民在座谈会上向参会学员致以热烈欢迎，并详细介绍了清凉峰保护区的基本情况、保护与管理措施、科研监测成果、科普宣教工作以及社区共建实践。他重点分享了清凉峰保护区多年来在生态保护与科研监测方面的努力与成效，为与会者提供了宝贵的经验借鉴。随后，与会人员围绕森林防火措施、社区共管模式以及梅花鹿栖息地改造等议题展开深入研讨，交流了各自国家在自然保护区管理中的经验与挑战。

会后，研修班成员参观了清凉峰生物多样性展厅和科技馆，通过图文展览和影像资料，深入了解了保护区的发展历程、建设现状以及生态保护成果（见图 6－9）。展厅内丰富的动植物多样性展示和生动的影像资料，让学员们对清凉峰的生态保护工作有了更加直观的认识。

（a）　（b）

图6－9　研修班成员参观生物多样性展厅和科技馆

下午，研修班一行赴龙塘山森林生态系统保护区域参观考察（见图6－10）。龙塘山区块以其独特的喀斯特地貌和丰富的动植物资源著称，设有野外博物馆、珍稀植物园等室外活动场所；同时，还建设有清凉峰龙塘山生物多样性科普馆，系统展示清凉峰特色植物资源及生物多样性，以林源、林丰、林茂的形式，讲述植物生物学知识，辅以多媒体设施设备，增强互动体验。在考察过程中，研修班成员实地感受了清凉峰保护区丰富的生物资源，并就野生动植物种群监测、珍稀濒危物种保护及生态科普宣教等工作进行了深入交流。

来自尼泊尔的一位国际友人在活动中表示，“我第一次来中国，今天学到很多，我要把清凉峰保护区好的经验带回去”。他提到，尼泊尔虽然拥有多个自然保护区，但在设施建设和法律法规等方面仍面临诸多挑战。通过此次研修班的学习交流，他不仅学到了实用的知识和技能，还对清凉峰保护区在自然保护方面的创新精神和务实态度深感钦佩。

图 6－10　研修班成员参观龙塘山保护站

此次考察交流活动为共建“一带一路”的自然保护工作者提供了一个重要的学习交流平台，不仅促进了国际的经验共享，提高了国际社会对生态保护的关注与热情，也为推动全球自然保护事业的合作与发展注入了新的动力。

三、生态科普：云端播撒知识，社区共筑和谐

近年来，清凉峰保护区积极探索科普宣传的新路径，推动生态保护理念“走出保护地，走进公众生活”。通过线上与线下相结合的方式，清凉峰保护区将生物多样性知识从保护区延伸到村庄社区、网络平台乃至国际舞台，实现了科普宣传的多维覆盖，推动了清凉峰保护区的科研保护成果的广泛传播。线上，清凉峰保护区借助互联网平

台，以创新的形式将自然奥秘传递给更广泛的受众；线下，清凉峰保护区深入周边村庄社区，通过互动式活动拉近公众与自然的距离，激发公众保护环境的责任感，展现了科普宣传从“云端”到“社区”的生动实践与深远影响。

（一）线上探秘：云端播知识，生态传千里

清凉峰保护区积极拓展科普教育边界，通过线上平台将生物多样性知识传递给更广泛的受众。清凉峰保护区与多方合作，借助短视频、直播等创新形式，开展了一系列内容丰富、形式多样的线上科普活动，让公众足不出户便能领略自然之美，学习生态保护知识（见图 6－11）。这些活动不仅提升了公众对生物多样性的认知，也进一步传播了生态文明理念，为构建人与自然和谐共生的社会氛围注入了新动力。

图 6－11　清凉峰保护区工作人员在千顷塘保护站开展科普直播

“云端科普”走进浙江清凉峰科普教育基地开展活动。清凉峰保护区与浙江省科普联合会合作，邀请科普达人（网红）阳离子，开展走进浙江省科普教育基地——浙江清凉峰科普教育基地科普宣传活动。阳离子与清凉峰保护区科普工作人员深入清凉峰科技馆、清凉峰龙塘山保护区域，进行自然探索与生物多样性科普知识分享，并拍摄了8分钟左右的科普视频。该视频在浙江省科普联合会公众号、B站，杭州地铁等媒体平台展播，受众10万余人，有效传播了生物多样性知识，提升了公众的生态保护理念。

香柠和她的朋友们线上直播探索清凉峰生物多样性活动（见图6－12）。博物达人江南蝶衣、主持人香柠老师、清凉峰保护区科普工作者代英超组成三人行，走进清凉峰保护区，开展了一场别开生面的生物多样性探索线上直播活动。活动中，三人边走边叙述他们的发现，向观众展示了清凉峰的生态景观、植被分布、植物种类及昆虫多样性，生动讲述了自然的奥秘与神奇。直播吸引了15000余名观众在线观看，并形成视频回放，持续传播生物多样性知识，取得了良好的社会反响。

(a)

(b)

图6－12　香柠和她的朋友们线上直播科普清凉峰生物多样性

秘境寻宝——走进清凉峰开展科普宣传活动。清凉峰保护区依托丰富的珍稀濒危动植物、特色植物、观赏植物资源，开展了秘境寻宝——走进清凉峰科普宣传活动，累计拍摄了28个植物科普视频。视频中，清凉峰科普工作者详细讲解了短萼黄连、天麻、绿花茶藨子、青荚叶、有斑百合等珍稀濒危植物、药用植物及观赏植物的特点与价值。这些视频不仅让公众更加关注野生动植物的保护，还传播了科学知识，进一步增强了公众对自然保护的认知与参与感。

（二）线下共建：科普进社区，生态惠万家

清凉峰保护区始终坚持以社区为纽带，通过多样化的线下科普活动，将生态保护理念融入公众日常生活。这些活动不仅提升了社区居民的生态保护意识，也促进了清凉峰保护区与社区的共建共享，为实现人与自然和谐共生奠定了坚实基础。

清凉峰保护区依托“世界野生动植物日”“爱鸟周”“全国生态日”等关键时间节点，多次开展野生动植物保护宣传活动（见图6－13）。活动通过张贴海报、悬挂横幅、摆放易拉宝、发放宣传图册、科普宣讲等方式，向广大群众宣传保护野生动植物的意义、本地区旗舰物种及相关法律法规知识，引导群众自觉保护野生动植物，争当珍爱野生动植物的“宣传员”和“保护者”。此外，宣传员还向社区学校、村文化礼堂赠送了宣传海报和保护区科普书籍，并向社区居民派发野生动植物图册和折页等宣传物品，进一步扩大了宣传覆盖面，增强了公众的参与感。

(a)

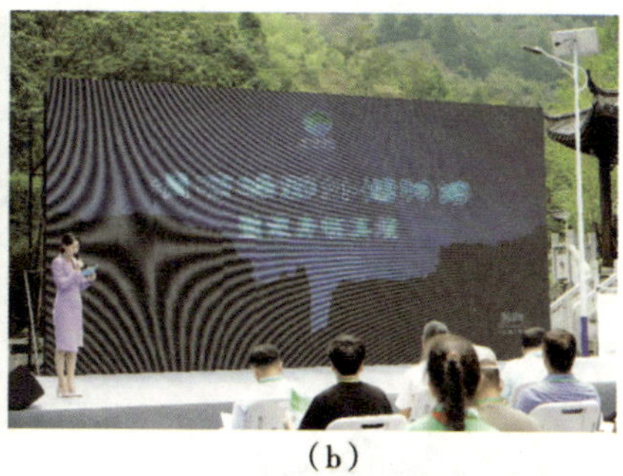

(b)

图 6－13　清凉峰保护区在辖区周边社区开展科普宣传活动

为了更好地推动社区和保护区有序发展，清凉峰保护区科普工作者也多次赴保护区周边社区，开展一系列科普讲座（见图 6－14）。讲座内容涵盖自然保护地的重要职能、相关法律法规以及野生动植物保护知识，同时与社区居民共同探讨保护区与社区在发展中遇到的问题，寻找解决方法，以期实现更好的联防联治和共建共享。此外，活动还组织志愿者向社区民众介绍华南梅花鹿、资源保护等生物多样性相关知识，进一步激发了大家保护野生动物、守护自然环境的责任感。图 6－15 为小小志愿者向民众科普的照片。

图 6－14　清凉峰保护区开展科普讲座

图 6-15　小小志愿者向民众科普

同时，清凉峰保护区也开展了“绿动清凉峰，电影下乡活动”，并形成常态化机制。活动通过播放清凉峰科普片、吴越文化及人文社会科学电影（见图 6-16），丰富了社区居民的业余生活，传播了社会科学知识，提升了社区居民的文化内涵及民主意识。这一活动不仅拉近了保护区与社区的距离，也为推动社区文化建设和生态保护意识的提升发挥了积极作用。

(a)

(b)

图 6-16　清凉峰保护区开展电影下乡活动

清凉峰保护区通过线上与线下、老师与学生、保护区与社区的多元化科普实践，构建了全方位、立体化的生态宣教体系，不仅有效提升了公众的生态保护意识，更促进了保护区与社区的协同发展，为推进生态文明建设、实现人与自然和谐共生提供了实践案例。

第二节　创新举措

一、科普融合自然探秘，拓宽认知新视界

清凉峰保护区在科普宣传教育中，巧妙地将科普知识与自然探索相融合，为公众提供了丰富的科普资源和多元化的实践平台。

在室内，访客能够沉浸在生物多样性展厅、科技馆等现代化设施的图文视频展示中，通过直观而生动的展览，轻松洞悉清凉峰保护区珍稀动植物的奇妙奥秘。

在室外，访客可以沿着精心设计的室外科普展线悠然前行，亲身体验大自然的鬼斧神工与和谐之美。这些特色科普展线，秉持“所见即所得”的核心理念，从纷繁复杂的自然景观中提炼出鲜明的主题，通过巧妙的布局与精选的展品，实现了步步皆景、牌牌皆学的科普效果，彰显着智慧与创意的光芒。此外，保护区还积极运用红外相机等现代科技手段，实时追踪野生动物的动态，生动展现了科技在生态保护中的强大作用，进一步拓宽了访客的认知边界，激发了公众对自然与生态保护的浓厚兴趣与深刻思考。2024 年展线中还增添中英

文相结合的展牌，并辅以语音播报系统介绍清凉峰的保护、科研、科普、社区融合发展成效及丰富的动植物资源。

二、“迎进来”结合“走出去”，共谱科普新篇章

清凉峰保护区在科普宣传上，采取“迎进来”与“走出去”相结合的策略。

一方面，“迎进来”策略邀请公众走进清凉峰保护区。清凉峰保护区积极开拓，与杭州市临安区各个小学合作，依托清凉峰科技馆、清凉峰生物多样性展厅，开展系列研学活动，观看科普宣传片、动植物标本，与野生动植物零距离互动。让访客在专业指导下深入自然，直观感受生态保护的重要性。切实传播生物多样性知识，弘扬生态文明理念。

另一方面，“走出去”策略则主动拓宽科普宣传的边界，与学校、企事业单位等建立合作关系，举办科普讲座、展览、互动体验等活动，结合宣传片、展板、现场讲解等多种手段，营造浓厚的生态保护氛围。同时，科普活动争取并得到了地方政府大力支持，在社区村组聘请护林员，建立保护共管机制，邀请社区、村组决策者和乡镇管理者参加每年一届的森林防火暨社区联防工作会，对资源管护成效明显者予以奖励表彰。清凉峰保护区还组织工作人员逐村、逐户发放宣传材料、赠送宣传年画，“电影下乡”、生态文化进礼堂等活动，力求人人皆知生态保护，人人参与生态保护。图6－17为科普活动进校园、进社区的一些照片资料。

(a) (b)
(c) (d)

图 6-17 科普活动进校园、进社区

三、创新科普宣传形式，拓宽科普传播新渠道

清凉峰保护区在科普宣传中，不断探索和创新宣传形式和载体，以更加生动、直观的方式向公众普及生态保护知识。清凉峰保护区充分利用户外广告牌、宣传栏等传统媒介，以及社交媒体、公众号等新媒体平台，发布生态保护标语、海报及最新动态，与公众保持紧密互动。通过线上与线下结合，提高生态保护的科普效率和宣传覆盖面。

特别是在全国生态日、生物多样性宣传日、世界野生动植物日、爱鸟周、科技周等重要节日和主题日，清凉峰保护区更是精心策划了一系列丰富多彩的科普活动，在人群聚集场所、社区、集镇等开展自然保护公益活动，调动公众保护意识，弘扬生态文明，提高公众对清凉峰保护区乃至生物多样性保护的关注。例如“8·15”全国生态日期间，开展“深入践行两山理念 携手共筑生态长城”线上线下主题活动，制作华南梅花鹿科普主题展板，清凉峰生物多样性宣传片等。

四、引进专业科普力量，提升教育新品质

为了提升科普宣传的专业性和科学性，清凉峰保护区积极引入专业导师和科研机构，为科普教育提供坚实的技术支撑和理论指导。与浙江农林大学等高校和科研机构合作，不仅推动了华南梅花鹿种群数量及空间分布格局、栖息地适宜性等科研监测工作的深入开展，还为研学活动提供了宝贵的科研数据和研究成果。这些专业导师和科研机构的加入，确保了科普教育的准确性和权威性，让公众在享受科普乐趣的同时，也能学到更加科学、系统的生态保护知识。

第三节　具体成效

一、科普活动形式多样，公众参与热情高涨

以科教平台为依托，清凉峰保护区精心策划了一系列丰富多彩的科普活动。科普下乡、送教到校等活动，将生态知识送到了田间地头和校园课堂，让更多人受益。生态公益林管理知识竞赛、“清凉峰杯”

保护野生动物有奖征文比赛等，激发了公众对生态保护的热情。走进杭州低碳馆、浙江图书馆等科普宣教活动，更是让生态文明理念深入人心，累计参与和受教育人数已达10万余人。

二、媒体宣传助力，科普影响范围扩大

清凉峰保护区深知媒体宣传的力量，积极与国内主流新闻媒体对接交流，将清凉峰保护区的动植物资源、生态景观资源以及创新工作成果通过媒体平台广泛传播，多次在中央省市级媒体发布一系列宣传报道。仅2023年，中央级媒体发布信息20篇次，省级118篇次，市级65篇次，“学习强国”录用信息43条，多次获全国平台首页推荐。近年来，媒体宣传报道总计3000余次（含各级平台转发），线上点击阅读量超500万余次，极大地扩大了清凉峰保护区的知名度和影响力，推动更多人参与生态文明建设进程中，打造人与自然和谐新标杆。

三、科普资源丰富，宣教课程创新多元

清凉峰保护区在科普资源建设方面同样不遗余力。清凉峰保护区协助多家媒体和公益组织制作了多部科普片，如《华南梅花鹿栖息地》《追踪梅花鹿》等，生动展现了清凉峰保护区的生态美景和生物多样性。同时，保护区还自主制作了梅花鹿保护专题片《鹿鸣清凉峰》和微视频《有迹可循》，以及《清凉峰画册》《浙江华南梅

花鹿》等科普宣传读本，为公众提供了丰富多样的科普资料。此外，清凉峰保护区还自主研发了12套科普宣教课程，涵盖了探索型、实践型、宣教型和休闲体验型等多种类型，既有知识的传授，又有探究与动手实践。这些课程的实施，不仅提高了学生的生态素养，也提升了保护区的科普宣传能力。特别是与昌化镇第一小学合作的“走近清凉峰”主题拓展课，更是受到了当地小学生的热烈欢迎和喜爱。

四、科普效果显著，生态文明深入人心

清凉峰保护区，凭借其独特的森林生态系统与丰富的动植物资源，已成为大、中、小学生及幼儿园小朋友、社会民众生态科普教育的重要阵地（见图6－18）。近年来，清凉峰保护区累计开展科普活动180余次，发放宣传资料2万余份，惠及受众5万余人；接待研学、夏令营等自然教育活动50余次，吸引游客10万余人次参观清凉峰科技馆与特色科普展线。此外，清凉峰保护区积极倡导尊重自然、共建生态的价值观，不断提升全民科学素质，保护区相继成为浙江大学、浙江农林大学、华东师范大学、杭州师范大学等10多所知名高校的教学基地。被命名为“杭州市青少年科普教育基地”“杭州市环境教育基地”“浙江省生态环境教育示范基地”“浙江省生态道德教育基地”“浙江省生态文明教育基地”“浙江省生态文化基地”“浙江省科普教育基地”“全国野生动物保护科普教育基地”“全国自然教育基地”。清凉峰保护区科普工作者章叔岩荣获2016年度“斯巴鲁生态保护奖”，清凉峰科技馆荣获2016年度杭州市“科普先进集

体”。彰显科普教育工作的卓越成效，影响深远。

图 6 – 18　清凉峰保护区取得的科普教育成就

综上所述，清凉峰保护区通过构建特色化科普体系，在生态保护宣传领域实现双重目标。一方面显著提升公众生态文明认知水平，另一方面也系统增强了清凉峰保护区科普服务效能。在此基础上，清凉峰保护区将深化“教育赋能生态”实践路径，聚焦科普内容创新与传播技术升级，着力构建多维度科普宣传体系。通过开发沉浸式自然教育产品、培育专业解说队伍、搭建多元合作平台等举措，持续推动生态知识向保护行动转化，为构建人与自然生命共同体提供可持续的示范样本。

第七章

人与自然融合

清凉峰保护区是一片充满生机与和谐的土地，处处体现着人与自然的和谐共生。这里的村庄和农场在充分利用生态资源进行发展的同时，也时刻以回馈自然为己任，达到了可持续发展的目标。在茶叶种植、药材培育、村庄经营和家庭农场的发展中，注重生态环境的保护，合理利用土地和生态资源，让各项产业都能在生态友好的基础上茁壮成长。各项产业的发展都有明确的未来规划，充分考虑长远发展与生态平衡的关系。许多潜力巨大的新兴产业也在清凉峰保护区蓄势待发，未来有望为当地带来更多的经济发展机会，同时为生态保护贡献力量。

第一节　案例介绍

清凉峰保护区是人与自然和谐共生的优秀示例，处处彰显着自然馈赠与人类智慧的完美结合。这片区域得天独厚的生态环境、优质的土壤条件以及独特的气候特征，不仅为当地居民的生产生活提供了丰厚的自然资源，还孕育了生物多样性，形成了生机盎然的自然景观。当地居民将代代相传的文化、精湛的工艺以及先进的科技手段融入保护区实验区茶园的管理与利用之中。中草药种植大户在清凉峰保护区边缘区找到适合中草药种植的地点，利用清凉峰保护区边的绿水青山深耕“旅游 + 农业 + 文化”发展模式。在清凉峰保护区脚下的村庄，人们依托生态农业、绿色旅游和手工艺品制造等多种业态，在发展经济的同时，也以更加环保

的方式呵护着这片大地。清凉峰保护区周边的农场利用原本的荒地进行有机农产品种植，吸引人们进行绿色有机农业经营体验，不断恢复和提升保护区内的环境承载能力，让生态环境能够可持续发展。清凉峰保护区用实践诠释了“绿水青山就是金山银山”的理念，在人与自然的相互滋养中形成了良性循环。生态环境的优越性不仅助推了人类社会的进步，也使得居民对自然保护更加重视。清凉峰保护区的故事是人与自然携手共生的生动缩影，也是生态文明建设的成功实践。

一、清凉峰深处的天然茶园

清凉峰保护区龙塘山的生态茶园，坐落在保护区的实验区，地势高峻、云雾缭绕、土壤肥沃、气候温和湿润、自然条件得天独厚，成为茶树生长的理想之地。这里的茶园，以无公害、无污染的生态环境为基础，茶树在这里茁壮成长，所产的茶叶质量优异，香气独特。然而，之前由于缺乏有效的经营和管理，茶地的可经营规模受到极大制约，原本得天独厚的资源未能得到合理的开发和利用。直到清凉峰管理局的王卫军加入并投身于茶园的管理工作，他凭借对传统茶叶制作工艺的深刻理解，成功恢复了茶园的精细化管理模式。浙江临安地区，历来就是中国茶文化的发源地之一，尤其以“顺溪大方茶”而闻名。王卫军学习“顺溪大方茶”的制作方法，创建了清凉峰保护区自己的茶叶品牌——龙塘谷雨。他不仅引进了先进的技术和理念，还结合当地的生态优势，采用天然有机的

种植方法，确保了茶叶的高品质与有机环保。同时，王卫军也通过与周边村庄的合作，推动了当地茶叶的销售，带动了周边村民的收入增长，推动了地方经济的复苏。王卫军深入学习红茶制作技术，并将其成功应用于茶园的生产中。这一创新不仅丰富了茶叶的种类，也提升了产品的市场竞争力。随着高山红茶的崭露头角，王卫军有望在未来进一步扩大生态茶园的影响力，使其成为一个知名的茶叶品牌，带动更多村民走向富裕的道路，推动清凉峰保护区的茶产业向更高层次发展，成为区域经济的重要支柱。图 7－1 为清凉峰保护区实验区的高品质茶场。

图 7－1　清凉峰保护区实验区的高品质茶场

根据《续茶经》和《旧五代史》的记载，自乾化五年（公元 915 年）起，吴越地区的临安（今杭州临安）就开始向朝廷进贡大方

茶。吴越王朝的历代王公贵族，诸如钱镠、钱元瓘等，都曾多次上表进贡大方茶，数量达到每年1万~1.9万千克，大方茶成为皇家宴会中的重要茶品。大方茶的历史可以追溯到千年之前，它不仅代表了临安茶叶的优良品质，更是当地人民智慧和劳动的结晶。尽管大方茶历史悠久，但关于其制作工艺的文献记载却一直非常有限，许多传统的手工炒茶技艺几乎没有留下详细的描述。直到2006年，在临安农业局与镇政府的共同努力下，大方茶的传统手工炒制工艺得到了重新发掘和传承。通过对原有工艺的系统整理和创新，临安成功恢复了大方茶的传统制作技术，并在2008年将其申报为非物质文化遗产。这一举措不仅保护了传统茶艺，也为大方茶的品牌价值赋予了新的生命力。2009年，顺溪大方茶的制作技艺被列入了杭州市非物质文化遗产名录。清凉峰镇政府通过这一平台，不仅推动了当地茶叶产业的发展，也促进了文化遗产的保护与传承。王卫军所在的清凉峰保护区正是这一文化传承的重要载体之一。在茶叶种植和茶艺制作的过程中，王卫军与当地的制茶师傅们一起，致力于将这一传统技艺与现代茶叶生产相结合，确保了茶叶的高品质与传统工艺的延续，创造了属于自己的绿茶品牌——龙塘谷雨。王卫军不仅在精细化的茶园管理上取得了成功，还通过推广这一传统技艺，使得更多的人认识到清凉峰绿茶的独特价值。与此同时，他帮助当地村民提升了茶叶的种植技术和加工工艺，带动了周边村庄的经济发展，推动了茶叶产业与文化传承的双重繁荣。

图7-2为正在晾干的清凉峰山谷茶叶。

图 7－2　正在晾干的清凉峰山谷茶叶

清凉峰保护区的环境在茶叶的生长与传承中发挥着至关重要的作用。清凉峰独特的自然环境为龙塘谷雨茶叶提供了理想的生长条件，而这一生态环境与当地的茶文化、制作工艺的结合，也体现了人与自然的和谐发展。清凉峰保护区拥有独特的高山地理环境，海拔较高，土壤肥沃，水源充沛，气候湿润。这里的山脉、森林和丰富的生物多样性为茶树的生长提供了极好的自然条件。清凉峰保护区的茶园地处自然保护区的实验区，远离污染，空气清新，水源纯净，这种天然的生态环境确保了茶叶的纯净和高品质。清凉峰保护区不仅提供了茶叶生长的沃土，还为当地村民提供了发展机会。

由于清凉峰的海拔较高，茶树的生长周期相对较长，因此这里的绿茶比其他地区更晚一些绽放新绿。这一特点让茶农们的工作节奏也与其他地区不同。每年，村里的茶农会先赴他乡采摘其他地方的茶叶，待到家乡的茶叶成熟时，再匆匆赶回，投入自家茶园的采摘中。这样的“先外后内”的采摘方式，不仅让茶农在各地采茶时积累经验，也保证了家乡茶园的采摘能在最佳时机进行。在采茶的旺季，茶农们的收入也相应增加。由于清凉峰的茶叶质量上乘，茶农们的辛勤劳动得到回报，平均每天能赚取300元。王卫军也雇村民来帮助管理茶园，每天支付350元的工资，帮助村民实现稳定的收入。这种做法不仅帮助村民增加了经济收入，也保障了茶园的有效管理，确保茶叶的高品质。由于绿茶的采摘销售时间较短，王卫军积极拓展自己的茶叶生产领域，并将眼光投向了红茶这一具有广阔市场潜力的茶品。他四处拜访了多位优秀的红茶制作师傅，虚心学习红茶的经典配方和精湛制作手艺，通过不断地实践和创新，成功研发出了具有高山特色的红茶（见图7－3）。不仅丰富了自己的茶叶产品线，还延长了茶叶的销售周期，提升了茶叶的附加值。通过这些举措，王卫军不仅希望让更多人品尝到来自清凉峰保护区的好茶，也希望能够通过茶叶产业的升级与创新，带动当地乡村经济发展，助力地方茶产业的振兴。

图 7－3　王卫军在制作红茶

在这片山林内，王卫军及其团队秉持着“绿色发展”的理念，采用有机农业的方式管理茶园，避免使用化学肥料和农药，从源头上保证了茶叶的无污染生长。与此同时，他们还采取了一系列措施，确保茶园的管理不会对生态环境造成负面影响。借助清凉峰保护区的生态优势和顺溪大方茶的文化传承，当地政府和企业将这一品牌打造成了区域文化的象征。龙塘谷雨不仅代表了清凉峰保护区的绿色理念，也承载着浙江省茶文化的深厚历史背景。2024 年，他所制作的高山红茶凭借其浓郁的香气、醇厚的口感以及独特的高山风味，一举荣获了2024年中国茶叶博物馆“中国好茶”的美誉（见图7－4）。这一成就不仅为他带来了行业的高度认可，也为清凉峰茶叶品牌的多元化发展奠定了坚实基础。王卫军的管理模式，使得清凉峰茶叶逐渐成为知名的茶叶产品，吸引了来自全国乃至国际市场的消费者和茶叶爱好者。同时，他还将继续借助现代科技与传统手工艺相结合的方式，提升生产效率和产品质量，以实现清凉峰茶叶产业的可持续发展。

中国茶叶博物馆
CHINA NATIONAL TEA MUSEUM

收藏证书

杭州清凉峰茶文旅有限公司：

贵公司选送的“高山红茶”，在中国茶叶博物馆2024年“中国好茶”征集活动中被评为优质茶样，已被我馆收藏

特颁此证。

中国茶叶博物馆

证书编号：ZCB2024T0081

图7－4　清凉峰的高山红茶入藏中国茶叶博物馆

二、清凉峰山上的生态药谷

大源塘清凉药谷，坐落在浙江省杭州市临安区昌化镇联盟村，地处清凉峰保护区的外围，海拔在 900 ~ 1100 米，总面积超过 3000 亩，得天独厚的自然环境为中草药的生长提供了理想条件。在一次寻找合适的中草药种植区域的过程中，资深中草药种植大户余叶敏意外发现了大源塘水库周边这一片土地。看到这一独特的自然资源，他立刻意识到这里潜藏着巨大的发展潜力，于是迅速决定投资这片土地，计划将其打造成一个集种植、生产和旅游于一体的生态中草药产业基地。药谷的建设不仅丰富了当地的产业结构，还带动了周边居民的就业，创造了大量的工作岗位。越来越多的村民参与药谷的各项建设工作，成为这一项目的直接受益者。展望未来，余叶敏计划进一步加强与高校和科研机构的合作，进行更深入的科研开发，推动药谷的中草药产业向更加专业化、高端化方向发展。随着产业的不断发展，清凉药谷有望成为国内一流的中草药生产基地，成为当地经济的新引擎，同时为区域生态保护和乡村振兴作出积极贡献。

2019 年，在寻找合适的中草药种植区域的时候，余叶敏发现了大源塘水库周边这一片得天独厚的中草药生长环境，这里气候适宜，土壤肥沃，却长久以来无人问津，仿佛是大自然特意为他预留的宝藏之地。他凭借着五六年深耕中草药种植的丰富经验与对这片土地的一见钟情，与村里签订了一份长达 30 年的承包合同。这份合同不仅是他个人梦想的起点，更是这片沉睡已久土地焕发新生的契机。政府的支持与补贴无疑为他的梦想插上了翅膀。浙江省林业局推出的林业推进共同富裕试点，清凉药谷有幸成为浙江全省首批 8 个试点之一，获得了大约 1000 万元的专项补助。此外，政府还提供了中草药的种植补贴，进一步减轻了他的资金压力。在政府的扶持下，他信心倍增，随后投入高达 4700 万元的资金，开始在这片充满希望的土地上描绘蓝图。从最初的清理杂草、平整土地，到引进优质中药材品种、建立精细化管理体系，每一步都凝聚了他的心血与智慧，将原本荒芜的林地改造成了一个中草药种植基地。与此同时，村里也积极响应，大力开展基础设施建设，为药谷的发展提供了坚实的保障。政府的补贴与他的投入，共同铸就了清凉药谷的辉煌起点。图 7 – 5 为清凉药谷的芍药花。

图 7 – 5　清凉药谷的芍药花

如今，清凉药谷已经成长为浙江省最大的中药材基地，这里出产的中药材品质上乘，深受市场青睐。药谷现有的发展都离不开清凉峰

保护区得天独厚的自然条件与精细化的种植管理。在清凉药谷的中草药对外销售方面，余叶敏也设计了一套独特的运营策略。在药谷生长的一部分珍贵的中药材被精心保留，用于满足药谷内康养基地的需求。这片占地约80亩的康养基地，是游客们体验中草药文化与享受自然之美的理想之地。在这里，药谷小屋（民宿）成为了连接游客与中草药文化的桥梁。每晚定价在600～800元的药谷小屋，不仅提供了舒适温馨的住宿环境，更让入住的游客们有机会品尝到用金鹿源品牌中草药精心制作的各种美食与饮品，亲身体验中草药带来的养生效果。药谷小屋，坐落在山林之间，四周绿树环绕，空气清新宜人。每一间小屋都经过精心设计，既保留了传统民居的韵味，又融入了现代生活的舒适与便捷。在这里，游客们可以远离城市的喧嚣与繁忙，享受一段宁静而美好的时光。

除了优美的住宿环境，药谷小屋还为游客们提供了丰富的户外活动。山地越野、林间漫步、中草药采摘等，每一项活动都让游客们充分感受到大自然的魅力与中草药文化的独特韵味。在这里，游客们不仅可以品尝到由金鹿源品牌中草药制成的美食佳肴，还能在专业的指导下，学习如何运用中草药进行日常保健与疾病预防。

而另一大部分的中草药则通过金鹿源品牌进行市场推广与销售。金鹿源，作为清凉药谷的自有品牌，承载着清凉药谷对中草药品质的执着追求。得益于杭州市中药材单位的鼎力支持，加上清凉药谷是其理事会单位，金鹿源品牌的中草药产品拥有了稳定的销售渠道。这些产品不仅品质上乘，更蕴含着丰富的中草药文化，深受消费者的喜爱与信赖。

清凉药谷与清凉峰保护区之间，形成了一种和谐共生的关系，不仅实现了双方的共同发展，也为生态环境的保护与利用树立了榜样。清凉峰保护区以其得天独厚的自然环境，为清凉药谷提供了优质的生长条件。在这片纯净的土地上，中草药茁壮生长，品质卓越，并产生了显著的溢价效应。不仅提升了清凉药谷的经济效益，更让中草药成为了连接自然与市场的桥梁，展现了生态资源转化为经济价值的巨大潜力。

清凉药谷在享受保护区带来的红利的同时，也积极回馈，通过引入高科技设备，如全区域监控系统、消防水池以及火灾报警器等，这些设备的运用，不仅为清凉药谷的中药材生长提供了坚实的安全保障，也在很大程度上减轻了清凉峰保护区的防火压力。这种互利共赢的模式，不仅体现了清凉药谷与清凉峰保护区之间的和谐共生，更展现了人与自然和谐相处的美好愿景，在保护与发展的天平上，如果能找到完美的平衡点，就能书写出绿色发展的新篇章。

清凉药谷是融合了自然美景与中草药文化的瑰宝之地，不仅以其独特的魅力吸引着四面八方的游客，更在无形中带动了周围经济的蓬勃发展，成为人与自然和谐共生、共同富裕的生动实践。药谷内，一座座古色古香的药谷小屋错落有致，是游客体验中草药文化、享受宁静生活的理想居所。游客们在这里不仅能够亲身感受中草药的神奇魅力，还能品尝到由当地食材与中草药结合而成的特色美食，体验一场味蕾与心灵的双重盛宴。

随着药谷知名度的不断提升，周边的基础设施也得到了显著改善，中草药文化得到了传承与传播。清凉峰药谷停车场、公厕、垃圾

桶等配套设施一应俱全，为游客提供了便捷、舒适的服务环境。同时，景点介绍牌、导视系统等文化设施的完善，更是让游客在游览过程中能够更加方便地了解清凉药谷的历史、文化和生态价值，进一步提升了游客的满意度和体验感。清凉药谷的价值，不仅在于其丰富的自然资源与生态环境，更在于其承载的中草药文化的传承意义。在这里，传统与现代交织，古老智慧与现代科技碰撞出耀眼的火花。在药谷的每一个角落，都能感受到中草药文化的深厚底蕴。从田间地头的中药材种植到康养基地的中医养生体验，从药谷小屋的诗意栖居到户外活动的自然探索，每一处都充满了中草药文化的气息与韵味。通过这些丰富的文化体验活动，能够让更多人领略到中草药文化的独特魅力，从而激发大家对这一传统文化的热爱与传承之心。游客们在这里，不仅可以了解到中草药的种植与炮制过程，还能亲身感受到中草药文化的独特魅力。在专业人员的指导下，他们学习如何识别各种中药材、如何运用中草药进行养生保健；他们还可以参与中草药的采摘与炮制过程，体验传统技艺的精湛与神奇。这种亲身体验的方式，不仅让游客们对中草药文化有了更深入的了解与认识，更为中华传统文化的传承与发展贡献了一份力量。这正是负责人所期望的，他希望通过这些活动，让中草药文化在游客心中生根发芽，代代相传。

清凉药谷的发展还直接带动了周边群众的就业和增收。在季节性用工高峰期，清凉药谷会雇用周边村子的100名左右的村民参与中草药种植、采摘、加工等工作（见图7-6），为他们提供了可观的收入来源。而在淡季，也有十余人作为长年用工，负责药谷的日常维护和管理工作。这些就业机会的创造，不仅让周边村民实现了家门口就业，更在一定程度上缓解了当地的就业压力，促进了社会的和谐稳定。清凉药谷还与周边村落建立了紧密的合作关系，共同开发旅游线路，为游客提供更加丰富多彩的旅游体验。这种“旅游 + 农业 + 文化”的发展模式，不仅实现了自然资源的有效利用，更促进了人与自然的和谐共生，为周边地区探索出了一条共同富裕的新路径。

图 7－6　清凉药谷雇用当地农民进行中草药种植

在未来，清凉药谷将深化与浙江省各个高校和科研院所的合作关系，采取一系列切实可行的行动，携手促进中草药文化的传承与发展。在中草药研发领域，清凉药谷计划与浙江省高校及科研机构建立稳固且持久的合作关系，共同成立中草药研发创新中心。通过引入前沿的科研设施与顶尖人才，结合清凉药谷自身丰富的中草药资源，开展新药研发项目、药效评估工作及质量标准制定等，旨在保持传统药效精髓的同时，研发出更多具有自主知识产权的创新药物，为中医药

事业贡献力量。清凉药谷还将与高校携手，共同策划并组织工会旅游活动，以“领略中草药文化，亲近自然之美”为核心理念，设计一系列独具匠心的旅游路线与体验项目。在专业人员的悉心引导下，游客将有机会探访中草药种植基地，深入了解中草药的炮制工艺，参与养生健康讲座等丰富多彩的活动，亲身感受中草药文化的深厚底蕴与独特魅力。此举不仅能够加深游客对中草药文化的认同感，更将有力提升清凉药谷的品牌形象与知名度。

三、清凉峰脚下的村庄经营

浙江省杭州市临安区清凉峰镇新峰村，坐落于大自然的怀抱之中。这里的山峦层叠，绿意盎然。每年春夏之交，成片的玫瑰花竞相盛开，色彩斑斓，香气扑鼻。此时，如果站在新峰村的土地上，便感受到仿佛步入了一个梦幻的花海，玫瑰的芳香与清新的空气相融合，让人心旷神怡。曾几何时，新峰村是一个典型的山区村，地理偏远、经济落后，发展路径一度受限。但得益于清凉峰保护区所带来的生态优势和绿色发展理念，在村党支部书记邵剑的带领下，村民们坚定不移地走上了“生态致富”的发展之路。玫瑰小镇的崛起，不仅改变了这片土地的面貌，更带来了丰盈的财富与希望。

邵剑（其照片见图 7－7），曾在杭州市经商多年。2013 年，他决定放下城市的繁忙生活，回到家乡担任新峰村的村党支部书记。那个时候的新峰村，还是浙江省的贫困村，村里负债超过 300 万元，基础设施落后，环境脏乱差。他意识到，家乡不仅有青山绿水，更拥有

一个得天独厚的生态金名片——清凉峰国家级自然保护区。这里空气清新、水土富饶、生态体系完整，是发展绿色种植与生态旅游的天然沃土。经过多次考察与试种，他选定玫瑰作为突破口，既能美化乡村环境，又可延伸出休闲观光、文创产品、香料经济等多元业态。邵剑带领村民大力推进玫瑰种植项目，打造“玫瑰小镇”品牌，借助清凉峰保护区的生态优势与影响力吸引游客和投资，逐步实现“靠峰富村”的美好愿景。

图 7－7　新峰村的村党支部书记邵剑观察玫瑰品质

邵剑与妻子陈雨霞怀着对家乡的深厚感情，以及对清凉峰国家级自然保护区生态价值的高度认同，毅然投入全部积蓄，开启了玫瑰种植的创业之路。在清凉峰自然保护区优良的气候与土壤条件加持下，他们率先在新峰村试种了 200 亩高山玫瑰。尽管面临启动资金不

足的压力，夫妻二人仍咬紧牙关、迎难而上，甚至不惜变卖房产，将所有积蓄倾注于这片山间花海。依托清凉峰得天独厚的生态环境，他们的玫瑰不仅花形饱满、色泽鲜艳，更因生态种植理念而广受欢迎。在不断地摸索与创新中，夫妻俩不满足于单一的花卉种植，而是向玫瑰深加工领域进军。他们研发出玫瑰纯露、精油、护手霜、香氛皂等十余种天然产品，成功打造本地原创品牌“邵娘娘”，赋予玫瑰产业更高的附加值。在清凉峰保护区绿色品牌的助力下，“邵娘娘”系列产品不仅迅速打开国内市场，更借助电商平台迈向国际，提升了新峰村乃至整个清凉峰区域的知名度与影响力。然而，邵剑深知，单一的产业链条无法满足乡村全面振兴的需要。他大胆整合资源，将玫瑰产业与清凉峰优质生态资源和旅游资源融合，打造“玫瑰里”精品民宿集群和乡村旅游体验区。这里不仅有成片的花海可赏，更有生态徒步、田园课程、手工香包制作等丰富多彩的互动项目，成为游客亲近自然、放松身心的热门目的地。通过“玫瑰＋旅游＋生态”的农文旅深度融合模式，新峰村实现了村民广泛参与和农村集体经济稳步发展，也成为清凉峰自然保护区生态价值转化为经济价值的生动范例。

在产业发展的初期，陈雨霞始终保持着对新知识的渴望和追求。为了提高玫瑰的种植技术，她多次前往云南、山东等地的玫瑰种植基地学习经验，并邀请杭州花圃的首席技师到基地现场指导。同时，她还向玫瑰深加工的专家请教技术，不断提升产品的品质。不仅如此，陈雨霞还关注市场的变化，灵活调整销售策略。在淘宝、阿里国际站等电商平台的帮助下，玫瑰产品顺利打入了全国乃至全球市场。而她个人的创新思维和前瞻眼光，使玫瑰小镇的产业在短短几年内实现了从单一产品到多元化经营的跨越。在新媒体领域，陈雨霞充分利用

短视频、直播等手段，分享玫瑰种植的技术和产品开发的经验，向公众展示了这一新兴产业的无限潜力（见图7－8）。她的这些创新举措不仅提升了玫瑰产品的知名度，也促进了区域经济的协同发展。

图7－8　陈雨霞在玫瑰花海中直播

清凉峰保护区极大地提高了新峰村玫瑰小镇的知名度。清凉峰保护区，作为新峰村周边最为得天独厚的自然资源，不仅是一个生态宝地，更成为了推动新峰村玫瑰小镇崛起的重要力量。保护区内山峦起伏、林木葱郁、溪流潺潺，空气清新、环境优美，给人一种回归大

自然的宁静与美好。而正是这样的自然条件，为新峰村的玫瑰种植提供了得天独厚的生态优势，使得这里的玫瑰品种更加优质、花香更加浓郁（新峰村优质玫瑰花朵如图 7 – 9 所示）。随着玫瑰小镇逐渐崭露头角，清凉峰保护区的生态资源大大提升了新峰村的知名度，吸引了越来越多的游客和投资者。

图 7 – 9　新峰村优质玫瑰花朵

新峰村的玫瑰园因此与其他地方的玫瑰产业区别开来，成为一种具有独特生态优势的玫瑰花。清凉峰保护区的美丽景致和纯净的环境，使得新峰村的玫瑰产品更具市场竞争力，吸引了大量游客和消费者前来参观与购买。随着旅游业和电商平台的结合，玫瑰小镇逐渐从一个地方性景点走向了全国乃至国际市场，成为了一个知名的品牌。这里不仅有绚丽多彩的玫瑰花海，还有清凉峰山脉的壮丽景观，

以及丰富的野生动植物资源是人们放松身心、亲近自然的理想去处。

每年春夏之交，成片的玫瑰花与周围的自然景观交相辉映，吸引了大量的游客前来拍照、游玩、体验乡村生活，进一步提升了新峰村玫瑰小镇的知名度。尤其是“玫瑰里”民宿的兴起，依托清凉峰保护区的自然资源，成为了游客流连忘返的热门住所。清凉峰保护区的生态价值为新峰村的品牌建设提供了强有力的背书。生态保护区的存在，给新峰村的农产品，尤其是玫瑰产品，赋予了绿色、有机、环保的标签。这种独特的生态身份，使得新峰村的玫瑰小镇成为了消费者心中的绿色标杆，吸引了众多注重品质和环保的消费者。此外，清凉峰保护区也是新峰村乡村振兴战略的重要组成部分，通过生态资源的有效利用，推动了新峰村从传统农业向现代绿色农业的转型，实现了经济与生态的双赢。

玫瑰产业的成功，为新峰村带来了第一轮的经济增长。然而，邵剑并没有止步于此，他意识到，要实现持续的乡村振兴，必须开发更多的特色产业。于是，他将目光投向了新峰村周围的山核桃产业。新峰村位于临安山核桃产区的核心地带，山核桃的品质优良，肉多壳薄。邵剑利用清凉峰保护区的生态优势，开始探索山核桃的种植和加工。为了提高山核桃的市场竞争力，他采用了严格的农药化肥管控，确保生产的山核桃符合高端市场的标准。随着山核桃产业的发展，村民的收入得到了显著提升。尤其是 50 ~ 60 岁的中老年村民，可以就地从事山核桃筛选、包装和加工等工作，年收入达到了 2 万 ~ 10 万元。山核桃产业的兴旺不仅吸引了大量青年返乡，还推动了线上销售的推广，使得新峰村的山核桃品牌在市场上占据了一席之地。

邵剑夫妇并未满足于已有的成就。他们深知，乡村振兴不仅仅是发展单一产业，更需要多元化的经营模式。因此，他们开始研究如何利用清凉峰保护区的独特自然环境，生产更多符合市场需求的高附加值产品。邵剑学习了红茶制作的先进技术，并成功研发出了一款有机红茶。该红茶口感顺滑，回甘十足，成为了玫瑰小镇的又一亮点。这个新产品不仅提升了新峰村的农业附加值，还吸引了大量游客前来品尝和购买，进一步推动了乡村旅游的发展。

经过邵剑书记 11 年的辛勤耕耘与精心经营，新峰村已悄然蜕变，成为了一个绿色、有机、富有生机的乡村典范。玫瑰、山核桃、红茶等一系列特色农产品纷纷走上了市场的舞台，不仅为村民带来了可观的经济收益，也为村庄的可持续发展注入了源源不断的动力。玫瑰园在经历了初期的探索与调整后，已经开始了新一轮的栽培。这一轮栽培采用了精细化的室内种植模式（大棚内种植玫瑰花如图 7－10 所示），确保玫瑰能在最适宜的环境中成长，创造出更多高品质的花卉和深加工产品。如今，玫瑰衍生品种类繁多，游客们不仅可以观赏美丽的玫瑰花海，还能亲自体验玫瑰花艺、玫瑰花液提炼和玫瑰红茶的制作过程，感受与大自然亲密接触的独特魅力。而周围的“玫瑰里”民宿等三个精品住宿点，在玫瑰花盛开的季节，总是宾客盈门，几乎处于爆满状态，吸引了大量的回头客，形成了稳定的消费群体。科研与创新是推动这一切进步的动力源泉。邵剑书记凭借多年的玫瑰种植经验，不断深化对玫瑰栽培技术和精细化加工技术的研究，力求将这一传统产业转型升级为现代化、高附加值的产业。他与浙江工业大学建立了合作关系，计划在新峰村设立玫瑰研究所，并构思将其发展为玫瑰学院，培养更多的专业人才，推动科技成果转化与技术创新。而对于山核桃产业，邵书记同样不遗余力。他始终把控山核桃的培育、采摘、加工和销售等每一个环节，确保达到高端品牌的标准，使新峰村的山核桃在市场上拥有了独特的竞争优势。

图7－10　新峰村实现大棚内种植玫瑰花

展望未来，邵剑书记依然有着宏伟的蓝图。他深知，提升新峰村的集体收入和进一步加深与清凉峰保护区的联系，才是实现长远发展的关键。如今，新峰村常住人口为900多人，其中老年人占据了很大比例，土地资源大量闲置，如何高效利用这些土地，是当前亟待解决的问题。邵剑书记计划在未来三年内，通过确权不确地的方式，将土地的补贴和分红相结合，提高土地利用率，让村民的收入稳步增长，同时提高农业的集约化程度，提升农产品的议价能力。他打算从普通农作物的种植入手，将那些无人打理的土地集中管理，通过生产

队运营，给予村民更高的土地收益补贴，并且每年进行分红。随着经验的积累，邵剑书记还计划逐步扩展到山核桃和茶树等高附加值作物的种植，集中管理和生产，使新峰村的农业产出更加集中和高效，推动整个村庄向着更加富裕、宜居的方向迈进。

新峰村，凭借着独特的自然资源、创新的农业模式和不懈的努力，已经走出了自己的乡村振兴之路。未来，这片土地将继续在邵剑书记的带领下，焕发出更加耀眼的光彩，成为一个创新之地，不仅仅是农业富民的创新，更是人与自然和谐共生的创新。

四、清凉峰周边的家庭农场

位于浙江省杭州市临安区清凉峰镇、毗邻清凉峰保护区的砍大农场，是一个依托原生态环境、集采摘体验、农耕文化、农事活动为一体的体验式家庭农场。作为一家立足生态农业、融合文旅发展的乡村项目，砍大农场的起源与发展，与清凉峰保护区的存在密不可分。清凉峰保护区不仅为农场提供了得天独厚的自然环境，更在无形中塑造了其经营理念与发展方向。砍大农场的经营人陈萍梅充分利用清凉峰周边的生态资源优势，精心设计了一系列贴近农村生活的互动体验活动，为农场发展注入了新的活力。通过这些举措，农场不仅推动了农文旅的融合发展，还有效带动了周边闲散劳动力的就业，帮助村民提高了收入水平，逐步成为了当地的经济增长点和示范基地。在这个互联网迅速发展的时代，陈萍梅借助清凉峰保护区的区域影响力，通过微信公众号、抖音等社交平台进行宣传，吸引了更多人关

注农场和清凉峰的美丽风光。通过线上线下的双重发力，陈萍梅不仅扩大了农场的市场影响力，也为农场的持续发展奠定了坚实的基础。

陈萍梅敏锐地洞察到，清凉峰保护区不仅是自然生态的宝库，更蕴藏着巨大的绿色发展潜力。依托这片原始山林与优质生态环境，她积极把握时代机遇，在清凉峰脚下创办了砍大农场——一个立足生态农业、融合田园体验与乡村旅游的现代化农场。作为浙江工业大学之江学院广播电视新闻专业的毕业生，陈萍梅曾在国企工作。为了照顾生病的父亲，她毅然放弃城市生活，回到家乡陪伴家人。在父亲离世后，怀着对亲情的珍惜和对家乡的热爱，她决定扎根清凉峰脚下，开启现代农业创业之路。初涉农业的陈萍梅面临着经验和知识的双重缺乏，但她勇于迎接挑战。从完全不熟悉农业到成为备受赞誉的新农人，她积极参加农业部门组织的技能培训班，实地考察远近农场，虚心向种植能人请教，不断提升自己的种植和销售技能。通过勤奋学习和刻苦钻研，她逐步掌握了现代农业管理的关键方法，采用科学的公司化运营模式以及线上销售平台，推动农场走向现代化。

保护区自身的旅游资源成为农场客流的一部分，农场通过承接游客、设计生态游项目，进一步拓展了文旅融合的发展空间。同时，她将农业和文旅相结合，吸引游客前往砍大农场体验农事活动（几个例子如图 7 - 11 ~ 图 7 - 15 所示）、品尝特色农产品，并通过举办农业技术培训班，促进周边农民增收。在经营过程中，她还为周边农民提供就业机会，有效提高了当地居民的经济收入。通过不断努力，砍大农场不仅发展成为清凉峰脚下的一张亮丽名片，也成为带动区域经济发展的重要力量。陈萍梅用实际行动诠释了如何将对家乡的热爱转化为推动乡村振兴的动力。

图 7-11　小学生在砍大农场体验蔬菜种植

图 7-12　砍大农场游客体验合影

图 7－13　游客体验菇类种植

图 7－14　学生在砍大农场体验农耕文化

图 7－15　家长带小孩在砍大农场“摸鱼”

砍大农场的发展得益于杭州市临安区政府的大力支持和清凉峰保护区得天独厚的生态环境优势。杭州市临安区政府积极出台政策扶持农业发展，依托清凉峰保护区的独特生态资源，推动浙皖两地在党建联建合作的基础上，建设产业共富示范带，促进区域农业和农村经济协同发展。面对农场发展初期人气不足的问题，陈萍梅抓住互联网时代的发展机遇，利用微信公众号和抖音平台提升农场知名度，并借助清凉峰保护区的旅游影响力吸引游客，为农场注入活力。此外，清凉峰保护区的生态环境和资源优势为砍大农场提供了优质的农业生产和自然旅游条件，为农文旅融合发展奠定了坚实基础，同时也带动了周边农户的收入增长。

临安区政府不断探索农业合作发展新模式，为区域农业提供发展方向和政策保障。清凉峰镇以“一山情·共振兴”党建联建为纽带，与安徽歙县三阳镇、绩溪伏岭镇合作，统筹推动两地在农产品种植、销售及人才培养等领域的深度合作。与此同时，清凉峰镇充分利用自然保护区的生态和山水资源，推进山区农业产业项目建设，着力打造以育苗中心、水稻育秧烘干中心、农产品展销中心、蔬菜深加工中心和农旅融合示范基地为核心的“四中心一基地”模式。通过与昌西公社共富工坊、绿源蔬菜基地、杨溪忠孝学堂、砍大家庭农场及浪源蔬菜基地的联动发展，形成了覆盖全镇的农业产业链和产业共富示范带，为乡村振兴注入了强劲动力。

砍大农场依托清凉峰保护区的优美生态环境和客流引导优势，逐步从单一农业种植模式向农文旅融合发展转型，致力于打造集种植、采摘、素质拓展、露营、观光为一体的农文旅示范基地。通过将游客从清凉峰保护区分流至农场，推动旅游业与农业有机结合，为农场注入了新活力。为实现规范化管理，砍大农场采用“农场＋公司＋基地”的模式，建立完善的法人治理结构，农场根据市场需求与基地生产条件，开发出包括蔬菜、瓜果、粮油、禽蛋、坚果等六大类约30个品种的特色农产品。在前期资金不足的情况下，农场主要依靠贷款进行基础建设。后期，通过临安区政府的政策支持和农业农村局的指导，农场完成了水、电、路、网络及可视化设备等基础设施建设，为现代化发展奠定了基础。

由于在保护区周边，砍大农场选择采用可持续的农业方式，这推动了其向更高标准的绿色农业转型。砍大农场占地面积为100余亩，以种植有机蔬菜为核心，同时不断扩展天目香薯、家禽、临安特产山核桃等产品线，形成种养结合的循环生态模式。硬件设施方面，建成

了4000平方米的设施大棚、80余亩露天种植区、300平方米的农耕文化学堂、200平方米的百草园、1000平方米的林下菌菇种植区以及300平方米的户外拓展设施区等。此外，农场还开辟了1000余米的登山步道和200平方米的农耕体验区，为游客提供沉浸式体验。软件配套方面，农场配置了完善的教学设备，并展示了40余种昌化特色传统农具、80余种昆虫和60余种农作物标本，打造了寓教于乐的农耕文化和科普体验环境。

依托清凉峰保护区进行发展，砍大农场放弃了大规模工业或现代农业的开发，不走传统“量产型”路线，反而激励其探索差异化的高附加值模式，如生态体验、自然教育和农文旅结合等路径。砍大农场还在保护区高山生态资源的基础上，建立中华田园蜂代养基地。利用保护区内丰富的野花资源和独特的生态环境，农场通过放养、散养的方式养殖中蜂，并将中蜂养殖与科普教育结合，推动农学研学旅游的发展。清凉峰保护区往往吸引地方单位、学校、科研机构关注，砍大农场有潜力与生态、农业、教育机构合作，开展研学、生态监测等活动，扩展其多元收入渠道。在科技推广和示范教育方面，砍大农场通过荒地改造和课程设计，构建了以“一个农耕文化学堂、一场农事体验课、一顿传统农家饭、一条红色教育线路、一辆共富小火车”为核心的“五个一”特色体系，将农耕文化、科普教育、红色教育与农业服务深度融合。同时，农场结合清凉峰镇“生态旅游强镇、浙西文化名镇、省际边关重镇”的发展战略，推动山地蔬菜、高山药材和生态旅游产业协同发展，打造集农业新技术推广、生态保护宣传、食品安全教育和昌西农耕文化推广为一体的科技示范矩阵。

通过承办基层农技培训班和推广活动，农场不仅实现了理论与实践的有机融合，还增加了农场旅游收益和农产品消费。与此同时，这些活动也吸引了周边村民到农场工作，有效提高了当地居民的收入，为乡村振兴注入了持久动力。

依托清凉峰保护区的背景，砍大农场在对外宣传时更容易获得公众信任与市场认可，尤其对城市消费者具有天然吸引力，有助于品牌建设。陈萍梅自身也善于抓住互联网发展的契机，在新媒体技术快速普及的背景下，充分利用清凉峰保护区的区域影响力，通过微信公众号、抖音等平台为农场引流，扩大其知名度和影响力，显著提升收益。她敏锐地将互联网技术融入农场运营，创新销售模式，通过直播售卖应季蔬菜，借助清凉峰保护区的生态优势增强农产品市场竞争力，从而大幅提高销售量。陈萍梅通过微信公众号和抖音平台，定期发布农场日记、新品信息和短视频，不仅为农场积累了大量粉丝，也有效提升了农产品的互联网销售额。例如，她的第一篇推广小香薯的文章便在一天内为砍大农场创造了超过 1 万元的销售额。通过不断探索，她还丰富了农场的产品线和经营模式，将插秧、割稻、摸鱼等体验活动融入农场，为游客提供多样化的互动体验，同时吸引更多客流，推动农场的全面发展。此外，陈萍梅注重带动周边农户共同致富，定期举办“互联网 + 农业”手机培训，教授农户如何开展微商业务，帮助他们与市场建立更紧密的联系，拓宽收入来源，进一步促进乡村经济发展。

在临安区政府的大力支持和陈萍梅的不懈努力下，砍大农场取得了显著成效。自成立以来，农场累计自筹资金超过 500 万元，

2023年接待游客超过2.5万人次。凭借农场的成功运营和对乡村振兴的贡献，陈萍梅荣获杭州市乡村振兴“金犁奖”、临安区第二届“最美巾帼创客”、临安区“三八红旗手”、临安区“最美职工”等多项荣誉，并在2023年被评为“最美临安人——临安区十大杰出青年”。

第二节　创新举措

一、生态农业与农文旅融合发展

王卫军利用清凉峰保护区的生态优势，将茶园与当地茶文化相结合，创新了茶产业模式；清凉药谷通过中草药种植与康养基地的结合，不仅提升了经济效益，还促进了文化传承；新峰村将玫瑰种植与乡村旅游融合，提升了环境和经济；砍大家庭农场通过开展农事体验和文化教育活动，丰富了游客的体验，推动了农文旅的综合发展。这些模式不仅提升了当地产业附加值，还为地区经济增长注入了新的动力。

清凉峰保护区坚持绿色环保理念，其附近的产业利用得天独厚的自然资源，推动有机种植与生态农业共同发展，确保了农产品的质量和生态环境的可持续性。同时，农文旅的融合发展为当地带来了新的活力。通过结合当地丰富的自然景观和深厚的文化底蕴，不仅吸引了大量游客，还促进了农业生产与文化旅游的有机结合。游客在体验农耕乐趣的同时，了解清凉峰保护区的自然与人文特色，增强了生态保护意识，也为村民提供了更多的就业机会与收入来源。这样的创新模式，不仅助力了地方经济的多元化发展，也推动了绿色生态理念的普及与实践。

二、生态保护与绿色产业链建设

在清凉峰保护区，王卫军通过有机农业方式管理茶园，推动茶叶产业的可持续发展，为当地村民创造了稳定收入。清凉药谷与清凉峰保护区之间实现了生态环境保护与中草药产业的双赢，通过避免污染和过度开发建立了绿色产业链。新峰村利用清凉峰保护区的生态资源，发展绿色、有机产业链，提高农业产品的市场竞争力。砍大农场通过有机农业、生态循环和公司化管理，推动了农业产业的集约化和可持续发展，在充分利用自然资源保护环境的同时提升农产品质量。所有这些做法共同展现了生态保护与经济发展的和谐共生。

清凉峰保护区内严格的生态保护政策为绿色产业的可持续发展奠定了基础，确保了当地的生态系统得到有效维护。与此同时，当地积极发展以生态农业为核心的绿色产业链，通过有机种植、绿色茶叶生产等方式，推动农业产业的绿色转型，减少对环境的负面影响。此外，地方政府和企业通过推动绿色产业与生态保护的双重发展，形成了从生态农业到产品加工、品牌推广再到文旅融合的全产业链条，增强了地方经济的韧性和竞争力。通过这种创新模式，清凉峰保护区不

仅实现了生态保护与经济发展的双赢，也为绿色产业的未来发展提供了可复制、可持续的示范。

三、现代技术与现代化农业创新

王卫军通过结合传统茶艺和现代科技，利用互联网平台拓展市场，优化生产工艺，提升了茶叶的品质和生产效率。清凉药谷引入现代技术，提高了农业管理效率并确保中草药的高质量产出，同时通过线上推广增强了品牌影响力。新峰村通过先进技术提升农业生产效率，并借助电商平台和社交媒体扩大市场份额，推动了农业现代化转型。砍大家庭农场利用互联网技术进行线上推广和直播营销，不仅提高了农产品销量，还推动了“互联网＋农业”的发展模式，助力农民增收。所有这些做法共同促进了农业产业的创新发展和品牌化运营。

清凉峰保护区注重农业技术与传统种植经验的融合，通过举办技术培训和与农业专家合作，推动了生态农业的现代化转型。当地产业也结合先进科技和互联网平台提高了产品的附加值。这些技术创新不仅帮助农民提升了生产水平、增加了产品产值，还减少了对环境的负面影响，实现了绿色、高效的农业发展。通过科技赋能，清凉峰保护区不仅提升了农产品的质量和市场竞争力，也为农业的可持续发展提供了创新的解决方案，成为了现代化农业发展的一个重要示范。

第三节　具体成效

一、生态环境保护与恢复

王卫军通过精细化管理和有机农业经营方式，成功保护和恢复了茶园生态，避免了环境污染，并促进了生物多样性的恢复。清凉药谷通过生态农业方法和环保技术应用，确保了自然环境的保护与恢复，避免了工业污染的影响。新峰村依托清凉峰保护区的生态优势，建设绿色产业链，有效保护了土壤、空气和水源，同时提升了农产品的市场竞争力。砍大家庭农场采用生态农业和可持续管理的方法，实施作物轮作和绿色种植技术，保护了土壤健康并促进了自然资源的合理利用。这些做法共同推动了生态保护和农业发展的双赢。

作为一个自然保护区，清凉峰保护区拥有丰富的生物多样性和独特的生态系统，保护这些自然资源不仅对当地生态平衡至关重要，也关系到居民生活质量与未来发展。生态环境的有效保护可以防止土地退化、水源污染和生物栖息地的破坏，确保农作物的生长条件与水源的纯净。清凉峰保护区当地产业的发展借助了保护区优美的环境，同时也在保护与恢复当地的生态环境。通过加强生态保护与恢复，清凉峰保护区不仅保护了宝贵的自然遗产，也为未来的绿色产业和可持续农业奠定了坚实基础，推动了人与自然的和谐共生。

二、农业生产可持续发展

王卫军通过推动生态农业和有机茶叶生产，强调绿色种植和低碳排放，实现了茶园产业链的绿色管理，为地方农业提供了长期可持续发展方向。清凉药谷通过可持续农业经营方式和绿色产业链建设，减少了农药使用，促进了经济效益和环境保护的双赢。新峰村则通过引入先进种植技术和绿色农业方法，推动了从传统农业向低碳环保现代农业的转型，同时提高了生产效率并提升了农产品的市场竞争力。砍大家庭农场采用有机农业、种养结合和循环生态模式，不仅提高了农产品质量，还减少了对化学肥料和农药的依赖，实现了绿色生产和可持续农业发展。这些做法共同促进了农业与环境的和谐共生，并为行业树立了绿色、低碳的标杆。

作为依赖自然资源和生态环境的地区，清凉峰保护区的农业生产必须遵循可持续发展的原则，才能有效应对资源有限、气候变化和市场需求变化等挑战。通过推行绿色农业、循环农业等可持续生产方式，不仅能提高农产品的质量和附加值，还能保护土壤、水源等宝贵的自然资源，减少对环境的负面影响。此外，农业的可持续发展促进了乡村经济的多元化和地方居民的收入增加，提升了生态环境的保护意识，为未来的代际传承提供了稳定的基础。这种可持续发展模式，不仅有助于地方经济长期健康增长，也为推动全国农业绿色转型和生态文明建设提供了示范。

三、社区共建与融合发展

王卫军通过提升鸠甫村茶叶种植和加工技术，打通了茶叶销售市场，增加了村民收入，并提供了就业机会，推动了区域经济发展。清凉药谷通过雇佣村民参与中草药产业，为他们提供了稳定的收入来源，并通过旅游业带动了社会经济发展。新峰村通过产业转型和农文旅融合，提升了村民收入，特别是通过玫瑰和山核桃产业的种植与加工，带动了乡村经济增长和社会发展。砍大家庭农场则通过提供就业机会和农技培训，帮助村民提升技能，推动了当地农业产业链的发展，促进了乡村振兴。这些实践有效推动了地方经济的繁荣与社会的和谐稳定。

清凉峰保护区一直坚持社区共建，清凉峰保护区与周边社区共同繁荣发展。通过推动保护区与社区的资源共享、优势互补，清凉峰保护区能够有效整合各方力量，共同参与到生态保护、农业生产和文化旅游等领域的建设与发展中。通过共建共享，清凉峰保护区实现了经济、社会与生态的多重共赢，为其他地区提供了一个可复制、可持续的乡村发展范本。

第八章

清凉峰保护区人与自然可持续发展的经验与展望

清凉峰保护区紧扣党建引领，凝心聚力，串联生态保护建设主线，将人与自然和谐共生理念贯彻到保护区管理中，不断创新体制机制、夯实基础建设支撑保护区，同时重视人才队伍建设，引进栋梁人才，因地制宜拓宽生态富裕道路，为保护区的可持续发展提供了可供借鉴的经验。

第一节　清凉峰保护区发展的主要经验

清凉峰保护区在以往发展的历程中，围绕着党建引领、人才发展、基础建设、体制机制创新、生态资源保护、科普宣教、生态共富等方面总结了多条经验。

一、紧扣党建引领，凝聚奋斗力量

清凉峰保护区的发展是一代又一代党建团队不断努力、接力奋斗的成果，党建组织犹如一条坚韧的纽带贯穿保护区的奋斗历程，通过思想引领、组织凝聚、党建联建和服务群众，推动清凉峰保护区实现跨越式发展。

在思想引领上，清凉峰管理局党组深入学习习近平新时代中国特色社会主义思想，紧紧围绕生态文明建设这一核心任务引领清凉峰保护区各项建设。在组织凝聚上，清凉峰管理局党组织明确保护目标、引领人才深入保护区开展生态保护和可持续利用，坚持生态惠民

理念，团结党组成员，积极吸纳周围优秀职工、社区工作者等，成立党小组领导基层业务，增强管理局党组的基层凝聚力和服务水平；在党建联建方面，清凉峰保护区党组牵头带领管理局党员干部通过党建联建加强与省内多个地区、部门之间的联动与协作，在保护区内建立浙江省首个生态警务室，构建四级网格化管理体系，强化三张保护网络，实现区域联合保护生态环境、服务人民。

二、广聚栋梁人才，精筑管理高地

人才是引领发展的第一核心动力。在清凉峰保护区通过引进新生力量、培育优秀人才、任用中层干部，打造了一支多层次、专业化且富有实干精神的管理队伍，全方位提升了管理水平。

在打造管理队伍的过程中，首先要积极培养基层实干人才。清凉峰保护区需要大量基层实干人才开展基层工作，例如巡护山林。清凉峰管理局通过外部引入、内部选拔、重点培养的方式，着力培养和留住基层实干人才；其次根据岗位需求引进中高端人才和专业型人才，将人才与岗位相契合，发挥人才的专业和技能优势。中高端人才是引领保护区管理模式革新、管理效能优化的中坚力量。通过与高等院校及科研院所合作引进具有生态学、野生动植物保护、自然保护区管理等相关专业背景和丰富实践经验的中高端人才，同时明确人才引进制度和奖励机制，从政策到制度上都重视人才；最后积极任用中层干部，中层干部作为组织的中坚力量和骨干。通过优化清凉峰管理局领导结构，提高领导水平，促进清凉峰管理局整体管理水平的升级。

三、持续夯实基建，助推全域发展

清凉峰保护区秉持全面均衡的发展理念，将基础设施建设作为发展的坚实基石，为清凉峰保护区内各类保护工作的高效开展创造更为有利的条件与环境，助推生态效益发挥和可持续发展。

清凉峰管理局积极争取资金开展各类基础设施建设。在综合保护设施建设上，科学布局保护站，创新“管理局—保护站”上下级联合的管护网络，并整体升级监控设施系统，打造保护区数字智能化治理，搭建视频监测和红外相机网格化监测全覆盖数字化管理平台，利用无人机定期巡护、应急直升机停机坪建设以及电子围栏，实现区域森林和野生动物网格化实时监测；在旅游及科普教育设施建设上，合理规划景点、酒店民宿等旅游设施以满足游客需求，同时建立室内外科普教育设施，并通过二维码将互联网融入科普展牌中，开拓科普研学活动，丰富旅游体验；在公路、水电等基础设施建设上，管理局积极融入现代科技实现道路与电路的绿色环保化，加强水利设施建设改善保护区水生态系统，将科技与生态融入基础设施建设。

四、创新体制机制，赋能全面建设

清凉峰管理局通过创新体制机制，提出租赁赎买制度和责任分区管理制度，创建生态警务室和巡回法庭，强化联防联控，提升管理水平，形成了“制度牵引—空间管控—法治护航”的立体化治理模

式，为新时代保护区治理现代化提供了创新样本。

在森林管护机制方面，清凉峰管理局立足保护区现实情况以及周边社区需求形成租赁赎买制度，强化对森林资源和重要生态区域的保护并满足周边社区的发展需求，创新了生态产品价值实现路径；在体制完善方面，清凉峰管理局健全完善保护区全域的责任分区管理制度，形成由局领导班子担任总林长和副总林长、多部门及各科室密切配合、协调联动的“局长管全区、副局长管片区、片区负责人管辖区、护林员管山头”的四级网格化管理体系，还建立考核指标体系，严格落实林长负责制，压实主体责任，实现行政资源配置与生态保护需求的精准对接，做到“一支队伍管保护区”；在组织创新方面，清凉峰管理局建立浙江省首个生态警务室并牵头成立巡回法庭，积极强化“保护区—乡镇—行政村网络、110 应急和生态警务联动网、浙皖联防网”三张保护网络，实现法治执法建设与跨域联防联控强化生态环境保护。

五、打造多维保护，呵护生态资源

生态资源作为人类赖以生存的公共资源，其保护效能直接关系生态文明建设质量与可持续发展进程。清凉峰管理局立足新发展阶段，通过构建“立体防护、科技赋能、系统治理”三位一体的现代化生态治理体系，探索出具有示范价值的生物多样性保护路径，为推进人与自然生命共同体建设提供了实践样本。

在综合性保护上，清凉峰管理局加大现代技术应用治理水平，引入数字化平台、无人机巡检等技术手段，通过网格化动态管理机制，严格执行核心区全封闭、缓冲区限准入、实验区科学利用的分级管控策略全面保护动植物资源；在动物保护上，清凉峰管理局采取加强法制执法力度、开展救护繁育试验、改善栖息环境等手段，并积极开展科研合作增强保护区科学化、创新性发展水平，形成“栖息地修复—种群监测—救护繁育”技术闭环；在植物保育上，清凉峰管理局立足资源调查资料，科学化制定保护计划，积极推动原生境恢复与繁育工作和生态环境监测并创新性地建设珍稀植物园，扩大珍稀濒危植物种群，构建“种质资源库—智能温室—野外回归”三级保育体系。

六、深耕科普宣教，力增社会影响

清凉峰保护区立足生态文明建设战略高度，以系统性思维构建生态科普教育体系，通过“理论引领—实践深化—社会协同”三位一体模式，走出具有示范价值的生态文明教育创新路径。清凉峰管理局通过整合科研资源、创新教育载体、激活社会参与，构建起覆盖全年龄层、贯穿全场景的生态价值传播网络，为新时代自然保护地开展公众教育提供了范式参考。

清凉峰管理局积极推动形成全方位、多维度的科普宣教格局，带动全社会不同群体参与生态保护。首先，清凉峰管理局建立多方协同的科普教育新机制，在纵向联动层面，与浙江大学、浙江农林大学等科研机构共建生态监测站与教学实践基地，将前沿科研成果转化为

科普教育资源，在横向协作方面，联合社区村组开展生态培育，通过入社区、进村组竖立宣传牌、发放宣传册、张贴宣传语，实现保护理念在地转化传播。其次，清凉峰管理局积极探索“1＋N”生态研学矩阵，实现室内外教育场景的有机融合。设计并打造室内科技馆、华南梅花鹿救护繁育场、千顷塘生态体验地等科普平台及多条室外科普展线，实现场景化教育的深度体验；同时，创新分众化教育供给新模式，针对不同群体开展多种形式的宣教活动，将科普教育与区校合作相融合开展生态研学活动，以自然课堂、暑期研学活动为载体向中小学生和大学生传递生态保护理念，并利用科普展线向游客展示保护区动植物资源及保护成效，鼓励社会成员积极开展生态保护。

七、秉持绿色理念，走生态共富路

习近平总书记提出“自然是生命之母，人与自然是生命共同体”。① 清凉峰管理局贯彻这一理念积极推动人与自然和谐共生，坚持“保护为主，适当利用”的原则，在加大生态资源保护的基础上，推动绿色发展，可持续性地适度挖掘经济效益，努力实现保护区内人与自然的和谐共生。

在追求人与自然和谐共生中，清凉峰管理局利用生态资源发展当地经济与民生，在实现经济效益之后努力反哺生态效益，追求生态环境的良好发展。一方面坚持生态惠民理念，清凉峰管理局依托保护

① 陈曙光．人与自然是生命共同体［N］．光明日报，2023－12－18．

区野生动植物资源和生态环境，政企联合适度开发建设清凉峰生态资源和旅游资源，投资建设旅游设施及基础设施，吸引游客拓宽收入渠道、增加本地农民的收入。另一方面，清凉峰保护区生态环境价值不断朝着经济价值转变，进一步鼓励农民积极维持和改善保护区内生态环境，发展生态农业，实现农业生产模式下的可持续发展，促进生态环境的恢复和保护，并通过引入互联网等现代化技术，创新性地实现生态农业与农文旅融合发展，从而实现生态—经济的良性循环。

第二节　清凉峰保护区发展的未来展望

清凉峰保护区拥有丰富的生物多样性和优越的自然环境，在生态文明建设加速推进的背景下，紧扣保护与利用两者之间的辩证关系，在保护生态环境的过程中适度挖掘与利用保护区生态资源，同时也要加强生态保护，在利用清凉峰保护区生态资源的过程中进一步推动清凉峰管理局的生态保护工作开展，实现人与自然的可持续发展，让清凉峰保护区成为人与自然和谐共生的示范区。

一、立足保护之基，开拓利用新方向

在生态文明建设战略指引下，清凉峰保护区的保护与利用工作始终深刻诠释人与自然生命共同体的科学内涵。作为长三角生态安全屏障的重要组成部分，清凉峰保护区的生态系统服务功能与区域

可持续发展形成了深度耦合关系——生态环境的有效保护是资源可持续利用的前提，而科学合理的生态价值转化则为保护工作注入持久动力，两者在动态平衡中构建起具有中国特色的自然保护地治理模式。因此，清凉峰管理局要坚持在利用中保护，在保护中利用，两者相辅相成，实现保护与利用的良性平衡，努力实现人与自然的和谐共生。

清凉峰保护区立足现有的保护成效，创新性地发展绿色生态旅游和打造可持续社区。清凉峰保护区依托长期的生态保护管理成效，利用现有的丰富生态资源，通过科学的功能分区和生态旅游区域的容量控制，打造具有独特竞争力的官方生态旅游品牌，将清凉峰精准定位为融合自然美景、生态教育和文化体验的高端生态旅游目的地；清凉峰管理局还应适度挖掘保护区及周边社区的旅游潜力，开发融合自然风光与人文历史的特色旅游项目，推动绿色生态旅游产业的发展；同时积极创建“生态经济联合体”，鼓励周边社区在不破坏保护区环境的前提下适度挖掘生态潜力，通过建立林下经济合作社和发展有机农业，构建“保护区 + 社区 + 企业”的绿色产业链。在此过程中同步推进清凉峰品牌共建与共享：联合社区制定生态产品统一标准，依托“清凉峰”生态品牌赋能林下经济产品，建立生态价值转化通道；同时将品牌资源向社区开放，支持合作社参与产品包装设计、电商运营及旅游服务配套，通过生态旅游岗位开发与品牌溢价收益反哺机制，实现社区增收与品牌价值提升的双向赋能，形成生态保护、品牌增值与社区发展的利益共同体。通过这种方式，清凉峰保护区在保护生态环境的基础上，实现了生态效益、经济效益和社会效

益的多赢，为自然保护区的可持续发展提供了可复制的范例。

二、巧借利用之力，筑牢保护屏障

清凉峰保护区正探索一条具有中国特色的自然保护地可持续发展道路。其核心要义在于构建“保护性开发”的生态经济学闭环系统，即以生态系统服务价值最大化为导向，形成“生态保护—价值转化—反哺投入”的良性循环机制。因此清凉峰保护区既不能只片面地开发利用保护区资源而忽视生态保护，也不能只重视生态保护而抑制保护区的适度开发，而要在坚持生态保护优先理念的基础上，推进保护区生态保护工作的开展，还要适度开发利用保护区资源，最终将保护区资源开发后取得的经济效益、社会效应及生态效应反哺给保护区，促进保护区管理和保护水平的提高，达到生态保护与开发利用的最优状态，形成“以保护促发展，以发展促保护”的良性循环。

清凉峰保护区应以生态韧性理论为基础，通过制度设计、技术创新与利益联结的立体化创新，实现生态资本增值与社会价值创造的动态耦合。在未来清凉峰保护区应立足于生态旅游、可持续社区的发展基础，创新收益分配模式，将开发收益合理用于生态修复、科研监测以及反哺社区发展。首先，通过搭建多学科协作研究平台和智慧治理体系，引入多学科、专业化的人才，并善于利用遥感技术、生态模型和大数据分析等现代技术构建数据驱动型生态保护体系，建立覆盖多样生态要素的长期监测体系与生态数据库，依据生态数据库为

科研人员和清凉峰保护区开展生态保护工作提供坚实的数据支撑，并基于生态系统完整性理论积极构建动植物生态廊道及创新气候适应与减缓策略，增强保护区生态系统韧性和稳定性；其次，清凉峰保护区推动教育—产业协同发展，通过生态旅游构建科普教育基地、区校合作开展生态研学以及开发数字化宣传平台，深入开发室内外科普资源，进一步推进生态文化宣传，形成多层次、全方位生态环境教育体系，引导全社会形成坚持可持续发展的保护氛围；最后，清凉峰保护区也应升级社区参与机制，基于生态补偿机制的进一步完善，发展林下经济、生态农业等激励社区居民参与保护区生态保护工作，通过市场化手段提升保护效率。因此只有在保护中合理利用，在利用中强化保护，才能真正实现生态资源的可持续发展和人与自然的和谐共生。这一理念不仅为清凉峰保护区的未来发展指明了方向，也为全球自然保护区的管理提供了宝贵的经验借鉴。

三、保护与利用升级，进阶国家公园

在生态文明制度体系深度重构背景下，清凉峰保护区要努力从区域性生态治理样本进阶为国家公园。清凉峰保护区在未来要在保护与利用中，注重科学规划、国际化合作和政策支持，使其有望在未来实现从自然保护区向国家公园的升级。清凉峰保护区应基于生态系统敏感性建立动态适应性分区管控模型，实现核心区、缓冲区、实验区的智能边界校准，还应加强与国际国内的合作交流，对接世界自然保护联盟（IUCN）保护地绿色名录标准，构建包含多元指标的认证体系，将清凉峰保护区管理模式与全球接轨，建立集中统一的管理机构，特色化地嵌入社区共管模式，同时强化法律与政策支持，从政策和法律上助推保护区不断向国家公园的标准靠拢，使保护区在生态保护与可持续利用中实现国家公园的升级目标。

后　记

自2023年下半年以来，我有幸参与清凉峰保护区的相关研究。清凉峰管理局在人才培养、珍稀动植物保护、科普宣传等方面的创新举措，以及对人与自然和谐共生理念的深入践行，令我深感钦佩。本书正是近两年来我对清凉峰保护区认识逐渐深入的成果。本书的顺利出版，离不开清凉峰管理局领导及职工、浙江农林大学项目团队师生以及各界同仁朋友的大力支持与帮助。在此，谨向所有关心和支持本书的朋友们致以最诚挚的谢意。

首先，衷心感谢清凉峰管理局党组给予的宝贵合作机会与信任支持。在清凉峰管理局党组的悉心指导和持续鼓励下，本书从构思到成书的各个阶段得以有序推进，我们深受启发、获益良多。同时，感谢清凉峰保护区各科室提供的丰富资源与调研支持，使清凉峰保护区宝贵的可持续发展经验得以系统梳理并呈现给广大读者。

其次，诚挚感谢浙江农林大学经管学院领导支持和项目团队的倾力投入。特别感谢王成军教授的全程指导；感谢费喜敏副教授、刘传磊副教授和陈磊博士参与相关章节的撰写与修改；感谢庞婧（博士生），王任东、李钰娇、冯海青、廖珊、张玉茹、陈娟娟、易宏宇、徐盈盈、于浩天、赵坤、尚贤敏、王天奕（硕士生），以及张芬芬、何三行（本科生）在资料收集与整理分析中的辛勤工作。团队师生在案例调研、资料分析以及各环节的深入探讨中贡献了诸多宝贵视角与真知灼见，为本书增色不少。

再次，特别鸣谢相关基金项目的鼎力资助以及出版社的专业支持。国家自然科学基金项目（42177463）、浙江省哲学社会科学规划领军人才培育课题（24YJRC09ZD－1YB）以及浙江清凉峰国家级自然保护区管理局委托项目（11N47036185520244201）等提供的坚实资金保障，为本书研究及相关学术交流活动奠定了重要基础。同时，衷心感谢经济科学出版社提供的专业化出版服务，确保了本书的顺利面世。

最后，作为本书主要负责人，我深知本书在内容的深度、论述的专业性等环节仍有提升空间。我们诚恳期待各位读者的批评指正，您的宝贵建议将是我们未来持续改进的动力。希望本书能为您带来启发，并期待在大家的指导中能够不断进步。

谨此，向所有关心、支持、帮助和参与本书工作的同仁朋友们致以最崇高的敬意和最诚挚的谢意！

浙江农林大学　李　雷

2025 年 4 月于杭州临安